中华人民共和国行业推荐性标准

公路工程设计信息模型应用标准

Standard for Application of Building Information Modeling in Highway Engineering Design

JTG/T 2421—2021

主编单位：中国交通建设股份有限公司
　　　　　中交第一公路勘察设计研究院有限公司
批准部门：中华人民共和国交通运输部
实施日期：2021 年 06 月 01 日

人民交通出版社股份有限公司
北京

律师声明

本书所有文字、数据、图像、版式设计、插图等均受中华人民共和国宪法和著作权法保护。未经人民交通出版社股份有限公司同意，任何单位、组织、个人不得以任何方式对本作品进行全部或局部的复制、转载、出版或变相出版。

本书扉页前加印有人民交通出版社股份有限公司专用防伪纸。任何侵犯本书权益的行为，人民交通出版社股份有限公司将依法追究其法律责任。

有奖举报电话：(010) 85285150

北京市星河律师事务所
2020 年 6 月 30 日

图书在版编目（CIP）数据

公路工程设计信息模型应用标准：JTG/T 2421—2021 / 中国交通建设股份有限公司，中交第一公路勘察设计研究院有限公司主编． — 北京：人民交通出版社股份有限公司，2021.4
ISBN 978-7-114-17179-6

Ⅰ．①公… Ⅱ．①中…②中… Ⅲ．①道路工程—工程设计—计算机辅助设计—应用软件—标准 Ⅳ．①U412-39

中国版本图书馆 CIP 数据核字（2021）第 051372 号

标准类型：**中华人民共和国行业推荐性标准**
标准名称：**公路工程设计信息模型应用标准**
标准编号：**JTG/T 2421—2021**
主编单位：中国交通建设股份有限公司
　　　　　中交第一公路勘察设计研究院有限公司
责任编辑：李　沛
责任校对：刘　芹
责任印制：张　凯
出版发行：人民交通出版社股份有限公司
地　　址：(100011) 北京市朝阳区安定门外外馆斜街 3 号
网　　址：http://www.ccpcl.com.cn
销售电话：(010) 59757973
总 经 销：人民交通出版社股份有限公司发行部
经　　销：各地新华书店
印　　刷：北京市密东印刷有限公司
开　　本：880×1230　1/16
印　　张：10.5
字　　数：220 千
版　　次：2021 年 4 月　第 1 版
印　　次：2021 年 4 月　第 1 次印刷
书　　号：ISBN 978-7-114-17179-6
定　　价：80.00 元

（有印刷、装订质量问题的图书，由本公司负责调换）

中华人民共和国交通运输部

公 告

第 15 号

交通运输部关于发布
《公路工程设计信息模型应用标准》的公告

现发布《公路工程设计信息模型应用标准》(JTG/T 2421—2021)，作为公路工程行业推荐性标准，自 2021 年 6 月 1 日起施行。

《公路工程设计信息模型应用标准》(JTG/T 2421—2021) 的管理权和解释权归交通运输部，日常管理和解释工作由主编单位中国交通建设股份有限公司和中交第一公路勘察设计研究院有限公司负责。

请各有关单位注意在实践中总结经验，及时将发现的问题和修改建议函告中交第一公路勘察设计研究院有限公司（地址：陕西省西安市高新区科技四路 205 号，邮政编码：710075），以便修订时研用。

特此公告。

中华人民共和国交通运输部
2021 年 2 月 26 日

交通运输部办公厅　　　　　　　　　　　　　　　　　　2021 年 3 月 1 日印发

前 言

根据交通运输部《关于下达 2017 年度公路工程行业标准制修订项目计划的通知》（交公路函〔2017〕387 号）的要求，由中国交通建设股份有限公司和中交第一公路勘察设计研究院有限公司承担《公路工程设计信息模型应用标准》（JTG/T 2421—2020）的制定工作。

针对我国公路设计工作应用建筑信息模型（building information modeling，以下简称 BIM）技术的需求，编写单位在充分总结国内外相关 BIM 技术标准和研究成果的基础上，结合近年来我国公路行业工程实践经验，通过调研和分析论证，提出了符合公路设计阶段应用 BIM 技术的要求，并广泛征求了国内专家的意见，完成了本标准的制定工作。

本标准包括 7 章和 10 个附录，分别是：1 总则、2 术语、3 基本规定、4 模型要求、5 协同设计、6 应用、7 交付，附录 A 模型精细度、附录 B 项目、附录 C 路线、附录 D 路基、附录 E 路面、附录 F 桥梁、附录 G 涵洞、附录 H 隧道、附录 J 交通工程及沿线设施、附录 K 地形地质。

本标准由刘伯莹、吴明先负责起草第 1、2、3 章，马军海、王佐、程鹏负责起草第 4、5 章，刘东升、翟世鸿负责起草第 6 章，刘向阳、张峰、李毅、姬付全负责起草第 7 章，马军海、刘向阳负责起草附录 A、B、C、D，张峰、李毅、戈普塔负责起草附录 E、F、G，王秀伟、王欣南、姬付全负责起草附录 H、J、K。

请各有关单位在执行过程中，将发现的问题和意见，函告本标准日常管理组，联系人：张峰（地址：陕西省西安市高新区科技四路 205 号，邮编：710075；电话：029-88441415；电子邮箱：zhangfeng@ccroad.com.cn），以便修订时参考。

主 编 单 位：中国交通建设股份有限公司
　　　　　　　中交第一公路勘察设计研究院有限公司
参 编 单 位：中交第二公路勘察设计研究院有限公司
　　　　　　　中交公路规划设计院有限公司
　　　　　　　中交第二航务工程局有限公司

主　　　　编：刘伯莹　吴明先
主要参编人员：马军海　王　佐　程　鹏　刘向阳　张　峰　刘东升
　　　　　　　李　毅　翟世鸿　王欣南　王秀伟　戈普塔　姬付全

主　　　　审：王　晋
参与审查人员：周海涛　盛黎明　刘　松　刘元泉　魏　来　周　健
　　　　　　　李华良　季锦章　黄　琨　刘玉身

参 加 单 位：清华大学
参 加 人 员：高　歌　王吾愚　王　博　刘　清

目　次

1 总则 ··· 1
2 术语 ··· 2
3 基本规定 ·· 3
4 模型要求 ·· 4
　4.1 一般规定 ··· 4
　4.2 编号规则 ··· 5
5 协同设计 ·· 6
　5.1 一般规定 ··· 6
　5.2 协同环境 ··· 6
　5.3 协同工作 ··· 6
6 应用 ··· 8
　6.1 一般规定 ··· 8
　6.2 可视化分析 ·· 8
　6.3 方案比选 ··· 8
　6.4 碰撞检查 ··· 9
　6.5 模型出图 ··· 9
　6.6 工程量统计 ·· 9
7 交付 ··· 10
　7.1 一般规定 ··· 10
　7.2 交付成果 ··· 10
附录A 模型精细度 ··· 12
附录B 项目 ·· 24
附录C 路线 ·· 25
附录D 路基 ·· 29
附录E 路面 ·· 60
附录F 桥梁 ·· 67
附录G 涵洞 ·· 104
附录H 隧道 ·· 112
附录J 交通工程及沿线设施 ··· 125
附录K 地形地质 ·· 156
本标准用词用语说明 ·· 159

1 总则

1.0.1 为规范信息模型在公路工程设计阶段应用的技术要求,制定本标准。

1.0.2 本标准适用于新建和改扩建公路工程设计。

1.0.3 公路工程设计宜使用信息模型进行协同设计。

1.0.4 信息模型的应用除应符合本标准的规定外,尚应符合国家和行业现行有关标准的规定。

2 术语

2.0.1 协同设计　collaborative design
使用信息模型进行信息共享、交互及协调的设计工作过程。

2.0.2 模型精细度　level of model definition
信息模型中所容纳信息的丰富程度，简称L。

条文说明

模型精细度即LOD，其有两种解释，Level of Development 和 Level of Definition。本标准采用 Level of Definition，简称L。

3 基本规定

3.0.1 设计阶段建立的信息模型应符合现行《公路工程信息模型应用统一标准》（JTG/T 2420）的有关规定。

3.0.2 信息模型在设计阶段应用时，应保障信息安全。

4 模型要求

4.1 一般规定

4.1.1 信息模型宜包括几何信息和属性信息,几何信息宜包括几何图形和空间位置,属性信息宜包括标识码、分类编码、位置、尺寸、数量、类型、材料及用量等。

条文说明

信息模型包括信息的内容和深度与设计阶段的应用需求有关,不同的应用需求,需要信息的内容和深度不一定相同,使用过程中可以根据实际情况灵活处理。

4.1.2 信息模型的标识码应符合本标准第4.2节的有关规定。

4.1.3 信息模型的分类编码应符合《公路工程信息模型应用统一标准》(JTG/T 2420—2021)第5章的有关规定。

条文说明

4.1.2、4.1.3 标识码和分类编码是设施、子设施和构件不同用途的两类码。前者在模型中具有唯一性,不会重复;后者表示对象的类型,有可能重复。

如某装配式连续空心板桥第2联第1跨有9片空心板梁,9片梁的标识码分别标记为LR01800××××01~LR01800××××09,其中LR01800表示180号右线桥,××××用户自定义(如桥跨编号),剩余2位01~09表示梁的编号。9片梁的分类编码按《公路工程信息模型应用统一标准》(JTG/T 2420—2021)附录A的有关规定,可标记为18-04.06.01.02,表示9片梁都是空心板梁。

4.1.4 信息模型中几何图形与属性信息不一致时,应以属性信息为准。

条文说明

例如:使用挡土墙几何图形计算的混凝土量与属性信息中填写的混凝土量不一致时,以属性信息中的混凝土量为准。

4.1.5 信息模型宜采用统一的坐标系、高程系和度量单位,并宜采用参数化的建模方法。

条文说明

信息模型的几何图形表达推荐使用参数化的建模方法,有利于后期获取数据和修改维护。

4.2 编号规则

4.2.1 信息模型中桥梁、涵洞、隧道、监控设施等的编号应符合现行《公路数据库编目编码规则》(JT/T 132)的有关规定。

条文说明

《公路数据库编目编码规则》(JT/T 132—2014)中桥梁、涵洞、隧道、监控设施的代码结构如图4-1所示。

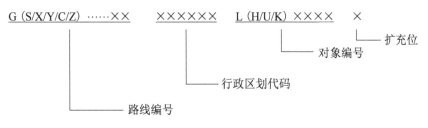

图 4-1 代码结构

4.2.2 现行《公路数据库编目编码规则》(JT/T 132)中未规定的设施和子设施代码,信息模型可根据工程需要在现行《公路数据库编目编码规则》(JT/T 132)的基础上扩展。

条文说明

例如:路基的标识符扩展为 S,国道 109 第 1 段路基的代码可标记为 G109 140000 S00010。

4.2.3 信息模型中构件的代码可根据工程需要自行扩展。

5 协同设计

5.1 一般规定

5.1.1 协同设计应基于协同环境、协同工作内容，以信息模型协同为主的工作方式开展。

条文说明

与传统工作方式相比，BIM 协同设计是为了解决信息不一致、信息孤岛、信息错误、信息缺失等问题。其将工程信息统一与模型关联，以信息模型及其关联的信息作为各方协同工作的基础，保证各方使用信息的一致性、准确性和时效性，实现工程信息的共享和交换。

5.2 协同环境

5.2.1 协同环境宜支持现行《公路工程信息模型应用统一标准》（JTG/T 2420）规定的数据存储格式，并应能对接常用建模软件的数据格式。

5.2.2 协同环境应支持各参与方同时进行协同工作，并应满足下列要求：
1 支持文件版本管理和信息共享。
2 支持人员角色的权限管理。
3 保障信息安全。
4 支持专业功能二次开发。

5.3 协同工作

5.3.1 协同工作宜包括下列内容：
1 组建项目团队，确定任务分工。
2 确定信息模型的应用或交付目标，制订实施计划。
3 制定协同设计流程，内容包括专业、任务、时间及逻辑关系。
4 确定信息交换、校对和评审等关键节点，以及交换的方式和内容。
5 制定各参与方基于协同环境的沟通协调机制。

5.3.2 专业间的协同设计流程宜符合图 5.3.2 的规定。

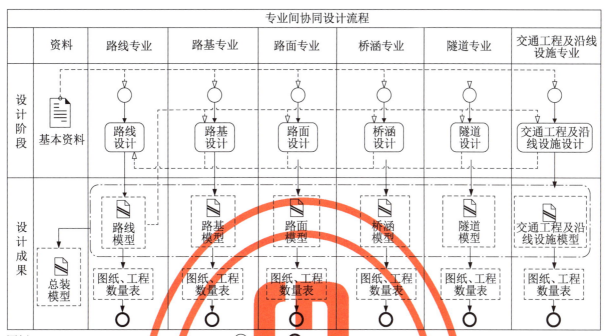

图 5.3.2 专业间协同设计流程

5.3.3 专业内的协同设计流程宜符合图 5.3.3 的规定。

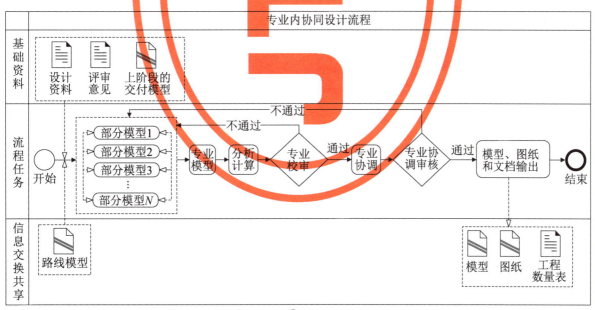

图 5.3.3 专业内协同设计流程

5.3.4 协同设计宜建立协同环境下信息模型的两校三审机制。

6 应用

6.1 一般规定

6.1.1 设计阶段的主要应用应符合表6.1.1的规定。

表6.1.1 主要应用

序号	应用类型	初步设计	施工图设计
1	可视化分析	△	△
2	方案比选	▲	○
3	碰撞检查	▲	▲
4	模型出图	△	△
5	工程量统计	△	△

注：表中"▲"表示"应选择的应用"，"△"表示"宜选择的应用"，"○"表示"可选择的应用"。

6.2 可视化分析

6.2.1 公路工程设计中宜使用信息模型的可视化分析开展空间协调、虚拟仿真、方案展示和设计交底等。

6.2.2 可视化分析的内容宜包括公路工程设施与周围环境的协调，交通组织模拟，重点、难点和隐蔽工程的展示，结构受力分析和稳定性分析等。

6.3 方案比选

6.3.1 公路工程设计中宜使用信息模型开展不同路线，路基与桥梁、路基与隧道、整体式与分离式路基，不同桥梁，不同隧道等方案的比选。

6.3.2 方案比选的内容宜包括经济指标、工程量、结构形式、景观环境等。

6.4 碰撞检查

6.4.1 公路工程设计中应使用信息模型开展专业内和专业间的冲突检查，以及公路工程设施与周边建筑物、基础设施和用地的冲突检查。

6.4.2 碰撞检查的内容应包括构件冲突检查和空间冲突检查。

6.5 模型出图

6.5.1 公路工程设计中宜使用信息模型输出路线、路基、路面、桥涵、隧道、交通工程及沿线设施等图纸。

6.6 工程量统计

6.6.1 公路工程设计中宜使用信息模型统计工程量。

6.6.2 工程量统计的内容和深度应符合现行公路工程标准的有关规定。

7 交付

7.1 一般规定

7.1.1 设计阶段的交付成果应符合现行公路工程标准的有关规定，交付成果的内容和深度应满足设计阶段的要求。

条文说明

设计阶段的 BIM 交付成果，包含信息的内容和深度与设计文件保持一致，本标准按 BIM 技术特点对信息的表现形式加以约束，有助于信息的标准化和规范化。

7.1.2 交付成果应确保信息的完整性和正确性。

7.1.3 公路工程管理设施和服务设施中建筑的交付应符合现行《建筑信息模型设计交付标准》（GB/T 51301）的有关规定。

条文说明

建筑信息模型的交付在《建筑信息模型设计交付标准》（GB/T 51301）中已明确规定，本标准公路工程管理设施和服务设施中建筑信息模型的交付不再重复规定。

7.2 交付成果

7.2.1 交付成果宜包括下列内容：
1. 模型说明书；
2. 信息模型文件；
3. 模型相关补充文件。

7.2.2 模型说明书宜包括下列内容：
1. 项目概要、需求说明，采用的坐标系统和高程系统等；
2. 模型创建、更新、审核的单位、人员和时间等；
3. 设计软件和版本号；

4 模型精细度等级说明；
5 其他说明事项。

条文说明

4 模型精细度等级说明用来介绍项目使用的模型精细度情况，如选择本标准规定的模型精细度等级，只需说明采用的等级级别，如根据项目需求扩展了模型精细度等级，需在模型相关补充文件中说明。

7.2.3 信息模型文件的深度应符合本标准附录 A 的有关规定，项目、路线、路基、路面、桥梁、涵洞、隧道、交通工程及沿线设施、地形地质信息的深度应符合本标准附录 B~附录 J 的有关规定，各阶段交付的模型精细度等级应符合下列规定：
1 初步设计阶段符合 L2.0 的规定。
2 技术设计阶段符合 L2.0 或 L3.0 的规定。
3 施工图设计阶段符合 L3.0 的规定。

7.2.4 模型相关补充文件应包括补充模型信息的技术文件、扩展后的模型精度等级表、属性信息文件等。

7.2.5 未规定的信息模型可扩展，扩展内容应符合本标准第 7.2.2 条和第 7.2.4 条的有关规定。

附录 A 模型精细度

A.0.1 路线模型精细度应符合表 A.0.1 的规定。

表 A.0.1 路线模型精细度

对象		L2.0	L3.0	信息深度
路线		▲	▲	应符合本标准第 C.1.1 条的有关规定
平面曲线构件	平面直线	▲	▲	应符合本标准第 C.2.1 条的有关规定
	平面圆曲线	▲	▲	应符合本标准第 C.2.2 条的有关规定
	平面缓和曲线	▲	▲	应符合本标准第 C.2.3 条的有关规定
纵断面曲线构件	纵断面直线	▲	▲	应符合本标准第 C.3.1 条的有关规定
	纵断面竖曲线	▲	▲	应符合本标准第 C.3.2 条的有关规定
断链、宽度、超高	断链	▲	▲	应符合本标准第 C.4.1 条的有关规定
	宽度	▲	▲	应符合本标准第 C.4.2 条的有关规定
	超高	○	▲	应符合本标准第 C.4.3 条的有关规定

注：表中"▲"表示"应包括的信息"，"○"表示"可包括的信息"。

条文说明

表中路线、平面曲线构件、纵断面曲线构件引用自《公路工程信息模型应用统一标准》（JTG/T 2420—2021）附录 A.0.3 路线部分，并与本标准附录 C 中的相关信息深度表对应。

A.0.2 路基模型精细度应符合表 A.0.2 的规定。

表 A.0.2 路基模型精细度

对象	L2.0	L3.0	信息深度
路基	▲	▲	应符合本标准第 D.1.1 条的有关规定
路基土石方	▲	▲	应符合本标准第 D.2.1 条的有关规定
排水	▲	▲	应符合本标准第 D.3.1 条的有关规定
支挡防护	▲	▲	应符合本标准第 D.4.1 条的有关规定
小桥、涵洞	▲	▲	应符合本标准第 F、G 章的有关规定

续表 A.0.2

对象		L2.0	L3.0	信息深度
路基土石方构件	路床	▲	▲	应符合本标准第 D.2.2 条的有关规定
	路堤	▲	▲	应符合本标准第 D.2.3 条的有关规定
	土工合成材料处置层	△	▲	应符合本标准第 D.2.4 条的有关规定
	特殊路基处置构件 垫层	▲	▲	应符合本标准第 D.2.5 条的有关规定
	袋装砂井	▲	▲	应符合本标准第 D.2.6 条的有关规定
	塑料排水板	▲	▲	应符合本标准第 D.2.7 条的有关规定
	粒料桩	▲	▲	应符合本标准第 D.2.8 条的有关规定
	加固土桩	▲	▲	应符合本标准第 D.2.9 条的有关规定
	水泥粉煤灰碎石桩（CFG桩）	▲	▲	应符合本标准第 D.2.10 条的有关规定
	刚性桩	▲	▲	应符合本标准第 D.2.11 条的有关规定
	灰土挤密桩	▲	▲	应符合本标准第 D.2.12 条的有关规定
	碎石挤密桩	▲	▲	应符合本标准第 D.2.13 条的有关规定
	强夯	▲	▲	应符合本标准第 D.2.14 条的有关规定
	重锤夯实	▲	▲	应符合本标准第 D.2.15 条的有关规定
	冲击碾压	▲	▲	应符合本标准第 D.2.16 条的有关规定
	预压与超载预压	▲	▲	应符合本标准第 D.2.17 条的有关规定
	浸水预溶	▲	▲	应符合本标准第 D.2.18 条的有关规定
	反压	▲	▲	应符合本标准第 D.2.19 条的有关规定
	消坡减载	▲	▲	应符合本标准第 D.2.20 条的有关规定
	旋喷桩	▲	▲	应符合本标准第 D.2.21 条的有关规定
	注浆	▲	▲	应符合本标准第 D.2.22 条的有关规定
	拦石墙	▲	▲	应符合本标准第 D.4.2 条的有关规定
	拦挡坝、导流坝	▲	▲	应符合本标准第 D.4.16 条的有关规定
	拦冰墙	▲	▲	应符合本标准第 D.4.2 条的有关规定
排水构件	排水管	▲	▲	应符合本标准第 D.3.2 条的有关规定
	边沟	▲	▲	应符合本标准第 D.3.3 条的有关规定
	排水沟	▲	▲	应符合本标准第 D.3.3 条的有关规定
	截水沟	▲	▲	应符合本标准第 D.3.3 条的有关规定
	边坡平台排水沟	▲	▲	应符合本标准第 D.3.3 条的有关规定
	急流槽	▲	▲	应符合本标准第 D.3.4 条的有关规定
	跌水	▲	▲	应符合本标准第 D.3.5 条的有关规定
	沉淀池、蒸发池	▲	▲	应符合本标准第 D.3.6 条的有关规定
	排水泵站沉井	▲	▲	应符合本标准第 D.3.7 条的有关规定
	盲沟	▲	▲	应符合本标准第 D.3.8 条的有关规定
	集水（检查）井	▲	▲	应符合本标准第 D.3.9 条的有关规定

续表 A.0.2

对　　象			L2.0	L3.0	信　息　深　度
支挡防护构件	挡土墙及墙背填土构件	重力式、衡重式挡土墙	▲	▲	应符合本标准第 D.4.2 条的有关规定
		悬臂式挡土墙	▲	▲	应符合本标准第 D.4.3 条的有关规定
		扶壁式挡土墙	▲	▲	应符合本标准第 D.4.3 条的有关规定
		锚杆式挡土墙	▲	▲	应符合本标准第 D.4.4 条的有关规定
		锚定板式挡土墙	▲	▲	应符合本标准第 D.4.5 条的有关规定
		加筋土式挡土墙	▲	▲	应符合本标准第 D.4.6 条的有关规定
		桩板式挡土墙	▲	▲	应符合本标准第 D.4.7 条的有关规定
		墙背填土	△	▲	应符合本标准第 D.4.8 条的有关规定
	坡面防护构件	植物防护	▲	▲	应符合本标准第 D.4.9 条的有关规定
		骨架植物防护	▲	▲	应符合本标准第 D.4.10 条的有关规定
		喷护、挂网喷护	▲	▲	应符合本标准第 D.4.11 条的有关规定
		砌体坡面防护	▲	▲	应符合本标准第 D.4.12 条的有关规定
		护面墙	▲	▲	应符合本标准第 D.4.13 条的有关规定
	沿河路基防护构件	护坡	▲	▲	应符合本标准第 D.4.12 条的有关规定
		浸水挡墙	▲	▲	应符合本标准第 D.4.2 条的有关规定
		石笼防护	▲	▲	应符合本标准第 D.4.14 条的有关规定
		护坦	▲	▲	应符合本标准第 D.4.15 条的有关规定
		导流堤、坝工程	▲	▲	应符合本标准第 D.4.16 条的有关规定
	边坡锚固		▲	▲	应符合本标准第 D.4.17 条的有关规定
	土钉支护		▲	▲	应符合本标准第 D.4.18 条的有关规定
	抗滑桩		▲	▲	应符合本标准第 D.4.19 条的有关规定

注：1. 特殊路基处置中抗滑、支挡、防护构件应按本表支挡防护构件的有关规定执行。
　　2. 排水和支挡防护构件基础的信息深度应按本标准第 F.3.1 条的有关规定执行。
　　3. 表中"▲"表示"应包括的信息"，"△"表示"宜包括的信息"。

条文说明

表中对象引用自《公路工程信息模型应用统一标准》（JTG/T 2420—2021）附录 A.0.1～A.0.3 路基部分，并与本标准附录 D、F、G 中的相关信息深度表对应。

A.0.3 路面模型精细度应符合表 A.0.3 的规定。

表 A.0.3 路面模型精细度

对　　象	L2.0	L3.0	信　息　深　度
路面	▲	▲	应符合本标准第 E.1.1 条的有关规定
路面（段）	▲	▲	应符合本标准第 E.1.2 条的有关规定

续表 A.0.3

对象			L2.0	L3.0	信息深度
路面构件	面层	水泥混凝土面层	▲	▲	应符合本标准第 E.2.1 条的有关规定
		沥青混凝土面层	▲	▲	应符合本标准第 E.2.2 条的有关规定
		沥青贯入式面层	▲	▲	应符合本标准第 E.2.3 条的有关规定
		沥青表面处置面层	▲	▲	应符合本标准第 E.2.4 条的有关规定
	基层	稳定土基层	▲	▲	应符合本标准第 E.3.1 条的有关规定
		稳定粒料基层	▲	▲	应符合本标准第 E.3.2 条的有关规定
		级配碎（砾）石基层	▲	▲	应符合本标准第 E.3.3 条的有关规定
		填隙碎石（矿渣）基层	▲	▲	应符合本标准第 E.3.4 条的有关规定
	底基层	稳定土底基层	▲	▲	应符合本标准第 E.3.1 条的有关规定
		稳定粒料底基层	▲	▲	应符合本标准第 E.3.2 条的有关规定
		级配碎（砾）石底基层	▲	▲	应符合本标准第 E.3.3 条的有关规定
		填隙碎石（矿渣）底基层	▲	▲	应符合本标准第 E.3.4 条的有关规定
	垫层		△	▲	应符合本标准第 E.4.1 条的有关规定
	路缘石		▲	▲	应符合本标准第 E.5.1 条的有关规定
	培路肩		▲	▲	应符合本标准第 E.6.1 条的有关规定
	中央分隔带填土		△	▲	应符合本标准第 E.7.1 条的有关规定

注：1. 路面（段）是按路段长度对路面的划分，具体划分长度根据工程需求确定。
2. 表中"▲"表示"应包括的信息"，"△"表示"宜包括的信息"。

条文说明

表中对象引用自《公路工程信息模型应用统一标准》（JTG/T 2420—2021）附录 A.0.1～A.0.3 路面部分，并与本标准附录 E 中的相关信息深度表对应。

A.0.4 桥梁模型精细度应符合表 A.0.4 的规定。

表 A.0.4 桥梁模型精细度

对象		L2.0	L3.0	信息深度
桥梁		▲	▲	应符合本标准第 F.1.1 条的有关规定
上部结构	梁式桥	▲	▲	应符合本标准第 F.1.2 条的有关规定
	拱式桥	▲	▲	应符合本标准第 F.1.3 条的有关规定
	斜拉桥	▲	▲	应符合本标准第 F.1.4 条的有关规定
	悬索桥	▲	▲	应符合本标准第 F.1.5 条的有关规定

续表 A.0.4

对 象			L2.0	L3.0	信 息 深 度
	下部结构		▲	▲	应符合本标准第 F.1.6 条的有关规定
	桥面系和附属工程		△	▲	应符合本标准第 F.1.7 条的有关规定
预应力构件	预应力筋		△	▲	应符合本标准第 F.2.1 条的有关规定
	预应力管道		△	▲	应符合本标准第 F.2.2 条的有关规定
	预应力锚具		△	▲	应符合本标准第 F.2.3 条的有关规定
基础构件	扩大基础		▲	▲	应符合本标准第 F.3.1 条的有关规定
	承台		▲	▲	应符合本标准第 F.3.2 条的有关规定
	桩	钻孔灌注桩	▲	▲	应符合本标准第 F.3.3 条的有关规定
		挖孔桩	▲	▲	应符合本标准第 F.3.4 条的有关规定
		沉入桩	▲	▲	应符合本标准第 F.3.5 条的有关规定
	地下连续墙		▲	▲	应符合本标准第 F.3.6 条的有关规定
	沉井基础		▲	▲	应符合本标准第 F.3.7 条的有关规定
	沉箱基础		▲	▲	应符合本标准第 F.3.8 条的有关规定
桥台及桥台构件	桥台		▲	▲	应符合本标准第 F.4.1 条的有关规定
	台帽		▲	▲	应符合本标准第 F.4.2 条的有关规定
	台身		▲	▲	应符合本标准第 F.4.3 条的有关规定
	耳背墙		▲	▲	应符合本标准第 F.4.4 条的有关规定
	挡块		△	▲	应符合本标准第 F.4.5 条的有关规定
	支座垫石		△	▲	应符合本标准第 F.4.6 条的有关规定
桥墩及桥墩构件	桥墩		▲	▲	应符合本标准第 F.5.1 条的有关规定
	盖梁		▲	▲	应符合本标准第 F.5.2 条的有关规定
	墩柱、墩柱段		▲	▲	应符合本标准第 F.5.3 条的有关规定
	系梁		▲	▲	应符合本标准第 F.5.4 条的有关规定
	挡块		△	▲	应符合本标准第 F.4.5 条的有关规定
	支座垫石		△	▲	应符合本标准第 F.4.6 条的有关规定
梁式桥构件	梁、梁段	实心板梁	▲	▲	应符合本标准第 F.6.1 条的有关规定
		空心板梁	▲	▲	应符合本标准第 F.6.2 条的有关规定
		工字形梁	▲	▲	应符合本标准第 F.6.3 条的有关规定
		混凝土 T 梁	▲	▲	应符合本标准第 F.6.4 条的有关规定
		混凝土小箱梁	▲	▲	应符合本标准第 F.6.5 条的有关规定
		混凝土箱梁	▲	▲	应符合本标准第 F.6.6 条的有关规定
		钢箱梁	▲	▲	应符合本标准第 F.6.7 条的有关规定
		钢桁梁	▲	▲	应符合本标准第 F.6.8 条的有关规定
		工字组合梁	▲	▲	应符合本标准第 F.6.9 条的有关规定
		钢箱组合梁	▲	▲	应符合本标准第 F.6.10 条的有关规定

续表 A.0.4

对象			L2.0	L3.0	信息深度
梁式桥构件	梁、梁段	钢桁架组合梁	▲	▲	应符合本标准第 F.6.11 条的有关规定
		波形钢腹板组合梁	▲	▲	应符合本标准第 F.6.12 条的有关规定
	桥面板		▲	▲	应符合本标准第 F.6.13 条的有关规定
	支座		▲	▲	应符合本标准第 F.6.14 条的有关规定
拱式桥构件	拱、拱段	板拱	▲	▲	应符合本标准第 F.7.1 条的有关规定
		肋拱	▲	▲	应符合本标准第 F.7.2 条的有关规定
		箱拱	▲	▲	应符合本标准第 F.7.3 条的有关规定
		刚架拱	▲	▲	应符合本标准第 F.7.4 条的有关规定
		钢管拱	▲	▲	应符合本标准第 F.7.5 条的有关规定
		桁架拱	▲	▲	应符合本标准第 F.7.6 条的有关规定
	横梁		▲	▲	应符合本标准第 F.7.7 条的有关规定
	纵梁		▲	▲	应符合本标准第 F.7.8 条的有关规定
	立柱		▲	▲	应符合本标准第 F.7.9 条的有关规定
	吊杆		▲	▲	应符合本标准第 F.7.10 条的有关规定
	系杆		△	▲	应符合本标准第 F.7.11 条的有关规定
	拱脚		▲	▲	应符合本标准第 F.7.12 条的有关规定
斜拉桥构件	斜拉索		▲	▲	应符合本标准第 F.8.1 条的有关规定
	塔柱、塔柱段		▲	▲	应符合本标准第 F.8.2 条的有关规定
	桥塔系梁		▲	▲	应符合本标准第 F.8.3 条的有关规定
	钢锚箱		△	▲	应符合本标准第 F.8.4 条的有关规定
	钢锚梁		△	▲	应符合本标准第 F.8.5 条的有关规定
悬索桥构件	主缆		▲	▲	应符合本标准第 F.9.1 条的有关规定
	吊索		▲	▲	应符合本标准第 F.9.2 条的有关规定
	索夹		△	▲	应符合本标准第 F.9.3 条的有关规定
	索鞍		△	▲	应符合本标准第 F.9.4 条的有关规定
	锚碇		▲	▲	应符合本标准第 F.9.5 条的有关规定
	锚碇锚固体系		△	▲	应符合本标准第 F.9.6 条的有关规定
桥面系和附属工程构件	桥面铺装		△	▲	应符合本标准第 F.10.1 条的有关规定
	阻尼器		△	▲	应符合本标准第 F.10.2 条的有关规定
	人行道板		△	▲	应符合本标准第 F.10.3 条的有关规定
	搭板		△	▲	应符合本标准第 F.10.4 条的有关规定
	牛腿		△	▲	应符合本标准第 F.10.5 条的有关规定
	护栏		△	▲	应符合本标准第 J.1.4 条的有关规定

续表 A.0.4

对象		L2.0	L3.0	信息深度
桥面系和附属工程构件	锥坡	△	▲	应符合本标准第 F.10.6 条的有关规定
	伸缩装置	△	▲	应符合本标准第 F.10.7 条的有关规定
	防撞墙	△	▲	应符合本标准第 F.10.8 条的有关规定
	防落梁装置	△	▲	应符合本标准第 F.10.9 条的有关规定

注：1. 挡土墙、坡面防护应按本标准第 A.0.2 条的有关规定执行，隧道锚洞身应按本标准第 A.0.6 条的有关规定执行。
2. 表中"▲"表示"应包括的信息"，"△"表示"宜包括的信息"。

条文说明

表中对象引用自《公路工程信息模型应用统一标准》（JTG/T 2420—2021）附录 A.0.1~A.0.3 桥梁部分，并与本标准附录 F、J 中的相关信息深度表对应。

A.0.5 涵洞模型精细度应符合表 A.0.5 的规定。

表 A.0.5 涵洞模型精细度

对象		L2.0	L3.0	信息深度
涵洞		▲	▲	应符合本标准第 G.1.1 条的有关规定
洞口		▲	▲	应符合本标准第 G.2.1 条的有关规定
洞身		▲	▲	应符合本标准第 G.3.1 条的有关规定
洞口构件	翼墙	▲	▲	应符合本标准第 G.2.2 条的有关规定
	端墙	▲	▲	应符合本标准第 G.2.3 条的有关规定
	倒虹吸竖井	▲	▲	应符合本标准第 G.2.4 条的有关规定
	基础	▲	▲	应符合本标准第 F.3 节的有关规定
	截水墙	△	▲	应符合本标准第 G.2.5 条的有关规定
	帽石	△	▲	应符合本标准第 G.2.6 条的有关规定
	铺砌	△	▲	应符合本标准第 G.2.7 条的有关规定
	锥坡	△	▲	应符合本标准第 F.10.6 条的有关规定
洞身构件	混凝土管节	▲	▲	应符合本标准第 G.3.2 条的有关规定
	管座	▲	▲	应符合本标准第 G.3.3 条的有关规定
	箱节（箱涵）	▲	▲	应符合本标准第 G.3.4 条的有关规定
	拱圈	▲	▲	应符合本标准第 G.3.5 条的有关规定
	涵台（拱涵、盖板涵）	▲	▲	应符合本标准第 G.3.6 条的有关规定
	盖板	▲	▲	应符合本标准第 G.3.7 条的有关规定
	波形钢管节	▲	▲	应符合本标准第 G.3.8 条的有关规定
	基础	▲	▲	应符合本标准第 F.3 节的有关规定
	垫层	△	▲	应符合本标准第 G.3.9 条的有关规定

续表 A.0.5

对象		L2.0	L3.0	信息深度
洞身构件	搭板	△	▲	应符合本标准第 F.10.4 条的有关规定
	牛腿	△	▲	应符合本标准第 F.10.5 条的有关规定
	铺砌	△	▲	应符合本标准第 G.2.7 条的有关规定

注：表中"▲"表示"应包括的信息"，"△"表示"宜包括的信息"。

条文说明

表中对象引用自《公路工程信息模型应用统一标准》（JTG/T 2420—2021）附录 A.0.2、A.0.3 涵洞部分，并与本标准附录 G、F 中的相关信息深度表对应。

A.0.6 隧道模型精细度应符合表 A.0.6 的规定。

表 A.0.6 隧道模型精细度

对象			L2.0	L3.0	信息深度
隧道			▲	▲	应符合本标准第 H.1.1 条的有关规定
洞口			▲	▲	应符合本标准第 H.2.1 条的有关规定
洞身			▲	▲	应符合本标准第 H.3.1 条的有关规定
辅助通道			▲	▲	应符合本标准第 H.3.2 条的有关规定
防排水			△	▲	应符合本标准第 H.4.1 条的有关规定
路面（段）			▲	▲	应符合本标准第 E 章的有关规定
洞口构件	翼墙		▲	▲	应符合本标准第 G.2.2 条的有关规定
	端墙		▲	▲	应符合本标准第 H.2.2 条的有关规定
	顶帽		△	▲	应符合本标准第 H.2.3 条的有关规定
	环框		▲	▲	应符合本标准第 H.2.4 条的有关规定
	洞口排水		▲	▲	应符合本标准第 D.3 节的有关规定
	洞口防护		▲	▲	应符合本标准第 D.4 节的有关规定
	明洞		▲	▲	应符合本标准第 H.2.5 条的有关规定
	明洞衬砌构件	拱墙	▲	▲	应符合本标准第 H.2.6 条的有关规定
		仰拱	▲	▲	应符合本标准第 H.2.7 条的有关规定
		仰拱回填	▲	▲	应符合本标准第 H.2.8 条的有关规定
	明洞回填		▲	▲	应符合本标准第 H.2.9 条的有关规定
洞身及辅助通道构件	超前支护构件	超前锚杆	▲	▲	应符合本标准第 H.3.3 条的有关规定
		超前小导管	▲	▲	应符合本标准第 H.3.4 条的有关规定
		超前管棚	▲	▲	应符合本标准第 H.3.5 条的有关规定
		套拱	▲	▲	应符合本标准第 H.3.6 条的有关规定

续表 A.0.6

对象			L2.0	L3.0	信息深度
洞身及辅助通道构件	初次支护构件	系统锚杆	▲	▲	应符合本标准第 H.3.7 条的有关规定
		锁脚锚杆	▲	▲	应符合本标准第 H.3.8 条的有关规定
		钢筋网	▲	▲	应符合本标准第 H.3.9 条的有关规定
		钢架	▲	▲	应符合本标准第 H.3.10 条的有关规定
		喷射混凝土	▲	▲	应符合本标准第 H.3.11 条的有关规定
	二次衬砌构件	拱墙	▲	▲	应符合本标准第 H.2.6 条的有关规定
		仰拱	▲	▲	应符合本标准第 H.2.7 条的有关规定
		仰拱回填	▲	▲	应符合本标准第 H.2.8 条的有关规定
防排水构件	路侧边沟		△	▲	应符合本标准第 D.3.3 条的有关规定
	中心水沟		△	▲	应符合本标准第 D.3.3 条的有关规定
	沉沙池		△	▲	应符合本标准第 D.3.6 条的有关规定
	检查井		△	▲	应符合本标准第 D.3.9 条的有关规定
	止水带		○	△	应符合本标准第 H.4.2 条的有关规定
	纵向排水管		○	△	应符合本标准第 H.4.3 条的有关规定
	横向排水管		○	△	应符合本标准第 H.4.4 条的有关规定
	环向排水管		○	△	应符合本标准第 H.4.5 条的有关规定
	竖向排水管		○	△	应符合本标准第 H.4.5 条的有关规定

注：1. 本标准只适用于采用钻爆法施工的隧道。
2. 监控设施、照明设施、消防设施和通风设施应按本标准第 A.0.7 条的有关规定执行。
3. 表中"▲"表示"应包括的信息"，"△"表示"宜包括的信息"，"○"表示"可包括的信息"。

条文说明

表中对象引用自《公路工程信息模型应用统一标准》（JTG/T 2420—2021）附录 A.0.1~A.0.3 隧道部分，并与本标准附录 H、D、E、G 中的相关信息深度表对应。

A.0.7 交通工程及沿线设施模型精细度应符合表 A.0.7 的规定。

表 A.0.7 交通工程及沿线设施模型精细度

对象		L2.0	L3.0	信息深度
	交通安全设施	▲	▲	应符合本标准第 J.1.1 条的有关规定
	交通安全设施（段）	▲	▲	应符合本标准第 J.1.1 条的有关规定
交通安全设施构件	交通标线	▲	▲	应符合本标准第 J.1.2 条的有关规定
	交通标志	▲	▲	应符合本标准第 J.1.3 条的有关规定
	护栏和栏杆	△	▲	应符合本标准第 J.1.4 条的有关规定

续表 A.0.7

对　　象		L2.0	L3.0	信 息 深 度
交通安全设施构件	视线诱导设施	△	▲	应符合本标准第 J.1.5 条的有关规定
	防落网	△	▲	应符合本标准第 J.1.6 条的有关规定
	声屏障	△	▲	应符合本标准第 J.1.7 条的有关规定
	防眩设施	△	▲	应符合本标准第 J.1.8 条的有关规定
	其他交通安全设施	△	▲	应符合本标准第 J.1.9 条的有关规定
通用管理设施构件	摄像机	△	▲	应符合本标准第 J.2.1 条的有关规定
	交通信号灯	△	▲	应符合本标准第 J.2.2 条的有关规定
	可变信息标志	△	▲	应符合本标准第 J.2.3 条的有关规定
	设备机柜	△	▲	应符合本标准第 J.2.4 条的有关规定
	服务器	△	▲	应符合本标准第 J.2.5 条的有关规定
	计算机	△	▲	应符合本标准第 J.2.6 条的有关规定
	显示器	△	▲	应符合本标准第 J.2.7 条的有关规定
	空调	△	▲	应符合本标准第 J.2.8 条的有关规定
	大屏幕	△	▲	应符合本标准第 J.2.9 条的有关规定
	打印机	○	△	应符合本标准第 J.2.10 条的有关规定
	操作台	○	△	应符合本标准第 J.2.11 条的有关规定
	IP-SAN 磁盘阵列	○	△	应符合本标准第 J.2.12 条的有关规定
	硬盘录像机	○	△	应符合本标准第 J.2.13 条的有关规定
	视频编解码器	○	△	应符合本标准第 J.2.14 条的有关规定
	以太网交换机	○	△	应符合本标准第 J.2.15 条的有关规定
	光纤收发器	○	△	应符合本标准第 J.2.16 条的有关规定
	车辆检测器	○	△	应符合本标准第 J.2.17 条的有关规定
	线缆	○	△	应符合本标准第 J.2.18 条的有关规定
	走线架桥架	○	△	应符合本标准第 J.2.19 条的有关规定
	管道	○	△	应符合本标准第 J.2.20 条的有关规定
	沟槽	○	△	应符合本标准第 J.2.21 条的有关规定
监控设施构件	监控设施	△	▲	应符合本标准第 J.3.1 条的有关规定
	气象检测器	△	▲	应符合本标准第 J.3.2 条的有关规定
	环境检测器	△	▲	应符合本标准第 J.3.3 条的有关规定
	车道指示器	△	▲	应符合本标准第 J.3.4 条的有关规定
	区域控制器	○	△	应符合本标准第 J.3.5 条的有关规定
	紧急电话及广播	○	△	应符合本标准第 J.3.6 条的有关规定
	火灾探测报警设施	○	△	应符合本标准第 J.3.7 条的有关规定
	备用电源	○	△	应符合本标准第 J.3.8 条的有关规定

续表 A.0.7

对象		L2.0	L3.0	信息深度
收费设施		▲	▲	应符合本标准第 J.4.1 条的有关规定
收费设施构件	收费亭	▲	▲	应符合本标准第 J.4.2 条的有关规定
	收费岛	▲	▲	应符合本标准第 J.4.3 条的有关规定
	栏杆	△	▲	应符合本标准第 J.4.4 条的有关规定
	费额显示器	△	▲	应符合本标准第 J.4.5 条的有关规定
	ETC 门架系统	△	▲	应符合本标准第 J.4.6 条的有关规定
	ETC 天线	△	▲	应符合本标准第 J.4.7 条的有关规定
	车牌自动识别设施	△	▲	应符合本标准第 J.4.8 条的有关规定
	车道控制器	○	△	应符合本标准第 J.4.9 条的有关规定
	光栅分车器	○	△	应符合本标准第 J.4.10 条的有关规定
	计重设备	○	△	应符合本标准第 J.4.11 条的有关规定
	对讲及广播设施	○	△	应符合本标准第 J.4.12 条的有关规定
通信设施		△	▲	应符合本标准第 J.5.1 条的有关规定
通信设施构件	电话	△	▲	应符合本标准第 J.5.2 条的有关规定
	光纤线路终端	△	▲	应符合本标准第 J.5.3 条的有关规定
	光纤网络单元	○	△	应符合本标准第 J.5.4 条的有关规定
	干线传输设备	○	△	应符合本标准第 J.5.5 条的有关规定
	综合语音接入网关	○	△	应符合本标准第 J.5.6 条的有关规定
	数字程控交换机	○	△	应符合本标准第 J.5.7 条的有关规定
	IAD 设备	○	△	应符合本标准第 J.5.8 条的有关规定
	配线设施	○	△	应符合本标准第 J.5.9 条的有关规定
	高频开关电源	○	△	应符合本标准第 J.5.10 条的有关规定
	蓄电池组	○	△	应符合本标准第 J.5.11 条的有关规定
供配电设施		△	▲	应符合本标准第 J.6.1 条的有关规定
供配电设施构件	高压柜	△	▲	应符合本标准第 J.6.2 条的有关规定
	低压柜	△	▲	应符合本标准第 J.6.3 条的有关规定
	变压器	○	△	应符合本标准第 J.6.4 条的有关规定
	柴油发电机组	○	△	应符合本标准第 J.6.5 条的有关规定
照明设施		△	▲	应符合本标准第 J.7.1 条的有关规定
照明设施构件	照明灯具	△	▲	应符合本标准第 J.7.2 条的有关规定
通风设施		△	▲	应符合本标准第 J.8.1 条的有关规定
通风设施构件	风机	△	▲	应符合本标准第 J.8.2 条的有关规定

续表 A.0.7

对　　象		L2.0	L3.0	信　息　深　度
消防设施		△	▲	应符合本标准第 J.9.1 条的有关规定
消防设施构件	灭火器	△	▲	应符合本标准第 J.9.2 条的有关规定
	消防栓箱	△	▲	应符合本标准第 J.9.3 条的有关规定
	灭火器箱	△	▲	应符合本标准第 J.9.4 条的有关规定
	消火栓	△	▲	应符合本标准第 J.9.5 条的有关规定
	水泵	△	▲	应符合本标准第 J.9.6 条的有关规定
	防火门	△	▲	应符合本标准第 J.9.7 条的有关规定

注：1. 管理设施和服务设施中建筑的交付应按现行《建筑信息模型设计交付标准》（GB/T 51301）的有关规定执行。
　　2. 交通工程及沿线设施构件基础的信息深度应按本标准第 F.3.1 条的有关规定执行。
　　3. 表中"▲"表示"应包括的信息"，"△"表示"宜包括的信息"，"○"表示"可包括的信息"。

条文说明

表中对象引用自《公路工程信息模型应用统一标准》（JTG/T 2420—2021）附录 A.0.1～A.0.3 交通工程及沿线设施部分，并与本标准附录 J 中的相关信息深度表对应。

A.0.8 地形地质模型精细度应符合表 A.0.8 的规定。

表 A.0.8　地形地质模型精细度

对　　象		L2.0	L3.0	信　息　深　度
地形		▲	▲	应符合本标准第 K.1.1 条的有关规定
地质		▲	▲	应符合本标准第 K.2.1 条的有关规定
地质元素	探井	▲	▲	应符合本标准第 K.2.2 条的有关规定
	探槽	▲	▲	应符合本标准第 K.2.3 条的有关规定
	探坑	▲	▲	应符合本标准第 K.2.4 条的有关规定
	钻孔	▲	▲	应符合本标准第 K.2.5 条的有关规定
	地层	▲	▲	应符合本标准第 K.2.6 条的有关规定

注：表中"▲"表示"应包括的信息"。

条文说明

表中对象引用自《公路工程信息模型应用统一标准》（JTG/T 2420—2021）附录 A.0.8 地形地质部分，并与本标准附录 K 中的相关信息深度表对应。

附录 B 项目

B.0.1 项目信息深度应符合表 B.0.1 的规定。

表 B.0.1 项目信息深度

	属 性 信 息	L2.0	L3.0	备 注
标识信息	项目名称	▲	▲	
	项目编号	▲	▲	
	起始地名	○	△	
	终止地名	○	△	
位置信息	起点桩号	▲	▲	
	终点桩号	▲	▲	
	起点坐标	○	△	x, y, z
	终点坐标	○	△	x, y, z
设计信息	设计阶段	▲	▲	如初步设计、施工图设计
	技术等级	△	▲	如高速公路、一级公路、二级公路等
	设计时速	△	▲	如 120km/h、100km/h、80km/h 等
	路线长度	△	▲	
	占地面积	△	▲	
	工程总投资	△	△	
	行政等级	○	△	如国道、省道、县道等
	功能等级	○	△	如干线、集散、支线等
	设计年限	○	△	如 70 年、50 年等
参建单位信息	建设单位	△	▲	
	设计单位	△	▲	
	备注	○	○	

注：表中"▲"表示"应包括的信息"，"△"表示"宜包括的信息"，"○"表示"可包括的信息"。

路　线

附录 C 路线

C.1 路线

C.1.1 路线信息深度应符合表 C.1.1 的规定。

表 C.1.1 路线信息深度

属性信息		L2.0	L3.0	备　注
标识信息	标识码	○	○	
	分类编码	△	▲	
	路线名称	▲	▲	
位置信息	起点桩号	▲	▲	
	终点桩号	▲	▲	
	起点高程	▲	▲	
	终点高程	▲	▲	
尺寸信息	路线长度	▲	▲	

注：表中"▲"表示"应包括的信息"，"△"表示"宜包括的信息"，"○"表示"可包括的信息"。

C.2 平面

C.2.1 平面直线信息深度应符合表 C.2.1 的规定。

表 C.2.1 平面直线信息深度

属性信息		L2.0	L3.0	备　注
标识信息	标识码	○	○	
	分类编码	○	△	
位置信息	起点桩号	▲	▲	
	终点桩号	▲	▲	
	起点坐标	▲	▲	
	方位角	▲	▲	如 45°
尺寸信息	直线段长	▲	▲	

注：表中"▲"表示"应包括的信息"，"△"表示"宜包括的信息"，"○"表示"可包括的信息"。

C.2.2 平面圆曲线信息深度应符合表 C.2.2 的规定。

表 C.2.2 平面圆曲线信息深度

属性信息		L2.0	L3.0	备注
标识信息	标识码	○	○	
	分类编码	○	△	
位置信息	起点桩号	▲	▲	
	终点桩号	▲	▲	
	起点坐标	▲	▲	
	起点方位角	▲	▲	如 45°
	转角方向	▲	▲	Z 或 Y
尺寸信息	曲线半径	▲	▲	
	曲线长度	▲	▲	

注：表中"▲"表示"应包括的信息"，"△"表示"宜包括的信息"，"○"表示"可包括的信息"。

C.2.3 平面缓和曲线信息深度应符合表 C.2.3 的规定。

表 C.2.3 平面缓和曲线信息深度

属性信息		L2.0	L3.0	备注
标识信息	标识码	○	○	
	分类编码	○	△	
位置信息	起点桩号	▲	▲	
	终点桩号	▲	▲	
	起点坐标	▲	▲	
	起点方位角	▲	▲	如 45°
	转角方向	▲	▲	Z 或 Y
尺寸信息	曲线长度	▲	▲	
	起点半径	▲	▲	
	终点半径	▲	▲	

注：表中"▲"表示"应包括的信息"，"△"表示"宜包括的信息"，"○"表示"可包括的信息"。

C.3 纵断面

C.3.1 纵断面直线信息深度应符合表 C.3.1 的规定。

表 C.3.1 纵断面直线信息深度

属性信息		L2.0	L3.0	备注
标识信息	标识码	○	○	
	分类编码	○	△	

续表 C.3.1

属性信息		L2.0	L3.0	备 注
位置信息	起点桩号	▲	▲	
	终点桩号	▲	▲	
	起点高程	▲	▲	
尺寸信息	直线段长	▲	▲	
	纵坡	▲	▲	如2%

注：表中"▲"表示"应包括的信息"，"△"表示"宜包括的信息"，"○"表示"可包括的信息"。

C.3.2 纵断面竖曲线信息深度应符合表 C.3.2 的规定。

表 C.3.2 纵断面竖曲线信息深度

属性信息		L2.0	L3.0	备 注
标识信息	标识码	○	○	
	分类编码	○	△	
位置信息	起点桩号	▲	▲	
	终点桩号	▲	▲	
	起点高程	▲	▲	
尺寸信息	起点纵坡	▲	▲	如2%
	曲线长度	▲	▲	
	曲线半径	▲	▲	
设计信息	圆弧类型	▲	▲	如凸、凹

注：表中"▲"表示"应包括的信息"，"△"表示"宜包括的信息"，"○"表示"可包括的信息"。

C.4 断链、宽度、超高

C.4.1 断链信息深度应符合表 C.4.1 的规定。

表 C.4.1 断链信息深度

属性信息	L2.0	L3.0	备 注
连续桩号	▲	▲	如10000
断链处前桩号	▲	▲	如10000
断链处后桩号	▲	▲	如10100
断链标识符	▲	▲	如AK

注：表中"▲"表示"应包括的信息"。

C.4.2 宽度信息深度应符合表 C.4.2 的规定。

表 C.4.2 宽度信息深度

属性信息		L2.0	L3.0	备注
位置信息	桩号	▲	▲	
尺寸信息	左侧土路肩宽度	▲	▲	
	左侧硬路肩宽度	▲	▲	
	左侧行车道宽度	▲	▲	
	中央分隔带宽度	▲	▲	
	右侧行车道宽度	▲	▲	
	右侧硬路肩宽度	▲	▲	
	右侧土路肩宽度	▲	▲	

注：表中"▲"表示"应包括的信息"。

C.4.3 超高信息深度应符合表 C.4.3 的规定。

表 C.4.3 超高信息深度

属性信息		L2.0	L3.0	备注
位置信息	桩号	○	▲	
尺寸信息	左侧土路肩横坡	○	▲	
	左侧硬路肩横坡	○	▲	
	左侧行车道横坡	○	▲	
	左侧中央分隔带横坡	○	△	
	右侧中央分隔带横坡	○	△	
	右侧行车道横坡	○	▲	
	右侧硬路肩横坡	○	▲	
	右侧土路肩横坡	○	▲	

注：表中"▲"表示"应包括的信息"，"△"表示"宜包括的信息"，"○"表示"可包括的信息"。

附录 D 路基

D.1 路基

D.1.1 路基信息深度应符合表 D.1.1 的规定。

表 D.1.1 路基信息深度

属性信息		L2.0	L3.0	备注
标识信息	标识码	○	○	
	分类编码	△	▲	
位置信息	起点桩号	▲	▲	如 K10+200
	终点桩号	▲	▲	如 K20+200
尺寸信息	路基长度	▲	▲	
	路基宽度	▲	▲	
	车道总宽	▲	▲	
	路幅宽	▲	▲	
设计信息	横断面类型	▲	▲	如整体式、分离式
	车道数	▲	▲	
	荷载等级	▲	▲	如极重、特重、重
	其他要求	○	○	

注：表中"▲"表示"应包括的信息"，"△"表示"宜包括的信息"，"○"表示"可包括的信息"。

条文说明

一般项目会包括多段路基，每段路基的长度按一般路基和特殊路基进行划分；同时，考虑施工阶段信息模型的相关要求。

D.2 路基土石方

D.2.1 路基土石方信息深度应符合表 D.2.1 的规定。

表 D.2.1 路基土石方信息深度

属性信息		L2.0	L3.0	备注
标识信息	标识码	○	○	
	分类编码	△	▲	
位置信息	起点桩号	▲	▲	如 K10+200
	终点桩号	▲	▲	如 K12+200
尺寸信息	路基宽度	▲	▲	
	横坡	△	▲	
	边坡坡率	△	▲	
设计信息	路基类型	△	▲	如填方、挖方、半填半挖
	挖方种类及方量	△	▲	
	总挖方量	△	▲	
	填方种类及方量	△	▲	
	总填方量	△	▲	
	本桩利用土石方量	△	▲	
	填缺土石方量	△	▲	
	挖余土石方量	△	▲	
	远运利用及纵向调配	△	▲	
	其他要求	○	○	

注：表中"▲"表示"应包括的信息"，"△"表示"宜包括的信息"，"○"表示"可包括的信息"。

条文说明

路基土石方的起止位置在本标准第 D.1.1 条路基起止位置的基础上，根据填挖方类型继续细分；同时，考虑施工阶段信息模型的相关要求。

路床、路堤的起止位置与路基土石方保持一致。

D.2.2 路床信息深度应符合表 D.2.2 的规定。

表 D.2.2 路床信息深度

属性信息		L2.0	L3.0	备注
标识信息	标识码	○	○	
	分类编码	△	▲	
位置信息	起点桩号	▲	▲	如 K10+200
	终点桩号	▲	▲	如 K12+200
尺寸信息	路床顶宽	▲	▲	
	路床厚度	▲	▲	

续表 D.2.2

	属性信息	L2.0	L3.0	备注
设计信息	上路床材料	△	▲	
	下路床材料	△	▲	
	其他要求	○	○	

注：表中"▲"表示"应包括的信息"，"△"表示"宜包括的信息"，"○"表示"可包括的信息"。

D.2.3 路堤信息深度应符合表 D.2.3 的规定。

表 D.2.3 路堤信息深度

	属性信息	L2.0	L3.0	备注
标识信息	标识码	○	○	
	分类编码	△	▲	
位置信息	起点桩号	▲	▲	如 K10+200
	终点桩号	▲	▲	如 K12+200
设计信息	路堤材料	△	▲	
	其他要求	○	○	

注：表中"▲"表示"应包括的信息"，"△"表示"宜包括的信息"，"○"表示"可包括的信息"。

D.2.4 土工合成材料处置层信息深度应符合表 D.2.4 的规定。

表 D.2.4 土工合成材料处置层信息深度

	属性信息	L2.0	L3.0	备注
标识信息	标识码	○	○	
	分类编码	△	▲	
位置信息	起点桩号	△	▲	
	终点桩号	△	▲	
	位置	△	▲	如左侧、右侧
尺寸信息	处置长度	△	▲	
	处置厚度	△	▲	
	处置宽度	△	▲	
设计信息	处置类型	△	▲	如加筋土工程、隔离工程、过滤排水工程、防裂工程
	材料及用量	△	▲	如土工格栅、土工布的用量
	其他要求	○	○	

注：表中"▲"表示"应包括的信息"，"△"表示"宜包括的信息"，"○"表示"可包括的信息"。

D.2.5 垫层信息深度应符合表 D.2.5 的规定。

表 D.2.5 垫层信息深度

属性信息		L2.0	L3.0	备 注
标识信息	标识码	○	○	
	分类编码	△	▲	
位置信息	起点桩号	△	▲	
	终点桩号	△	▲	
	位置	△	▲	如左侧、右侧
尺寸信息	垫层长度	△	▲	
	垫层宽度	△	▲	
	垫层厚度	△	▲	
设计信息	特殊路基类型	▲	▲	如软土
	挖方种类及方量	△	▲	
	总挖方量	△	▲	
	填方材料及方量	△	▲	
	其他要求	○	○	

注：表中"▲"表示"应包括的信息"，"△"表示"宜包括的信息"，"○"表示"可包括的信息"。

D.2.6 袋装砂井信息深度应符合表 D.2.6 的规定。

表 D.2.6 袋装砂井信息深度

属性信息		L2.0	L3.0	备 注
标识信息	标识码	○	○	
	分类编码	△	▲	
位置信息	起点桩号	△	▲	
	终点桩号	△	▲	
	位置	△	▲	如左侧、右侧
尺寸信息	井距	△	▲	
	井深	△	▲	
	井径	△	▲	
设计信息	特殊路基类型	▲	▲	如软土
	布置形式	△	▲	如等边三角形
	井数	△	▲	
	桩体材料及用量	△	▲	
	沙袋土工材料及用量	○	△	
	其他要求	○	○	

注：表中"▲"表示"应包括的信息"，"△"表示"宜包括的信息"，"○"表示"可包括的信息"。

条文说明

袋装砂井信息为某段地基处置的信息，非每处袋装砂井的信息。

D.2.7 塑料排水板信息深度应符合表 D.2.7 的规定。

表 D.2.7　塑料排水板信息深度

属性信息		L2.0	L3.0	备 注
标识信息	标识码	○	○	
	分类编码	△	▲	
位置信息	起点桩号	△	▲	
	终点桩号	△	▲	
	位置	△	▲	如左侧、右侧
尺寸信息	板长	△	▲	
	板距	△	▲	
设计信息	特殊路基类型	▲	▲	如软土
	布置形式	△	▲	如等边三角形
	井数	△	▲	
	规格及用量	△	▲	
	其他要求	○	○	

注：表中"▲"表示"应包括的信息"，"△"表示"宜包括的信息"，"○"表示"可包括的信息"。

条文说明

塑料排水板信息为某段地基处置的信息，非每处排水板的信息。

D.2.8 粒料桩信息深度应符合表 D.2.8 的规定。

表 D.2.8　粒料桩信息深度

属性信息		L2.0	L3.0	备 注
标识信息	标识码	○	○	
	分类编码	△	▲	
位置信息	起点桩号	△	▲	
	终点桩号	△	▲	
	位置	△	▲	如左侧、右侧
尺寸信息	桩距	△	▲	
	桩长	△	▲	
	桩径	△	▲	

续表 D.2.8

属性信息		L2.0	L3.0	备注
设计信息	特殊路基类型	▲	▲	如软土
	布置形式	△	▲	如等边三角形
	根数	△	▲	
	桩体材料及用量	△	▲	
	桩体强度	○	△	
	地基承载力	○	△	
	其他要求	○	○	

注：表中"▲"表示"应包括的信息"，"△"表示"宜包括的信息"，"○"表示"可包括的信息"。

条文说明

粒料桩信息为某段地基处置的信息，非每根粒料桩的信息。

D.2.9 加固土桩信息深度应符合表 D.2.9 的规定。

表 D.2.9 加固土桩信息深度

属性信息		L2.0	L3.0	备注
标识信息	标识码	○	○	
	分类编码	△	▲	
位置信息	起点桩号	△	▲	
	终点桩号	△	▲	
	位置	△	▲	如左侧、右侧
尺寸信息	桩距	△	▲	
	桩长	△	▲	
	桩径	△	▲	
设计信息	特殊路基类型	▲	▲	如软土
	布置形式	△	▲	如等边三角形
	根数	△	▲	
	桩体材料及用量	△	▲	
	桩体强度	○	△	
	地基承载力	○	△	
	其他要求	○	○	

注：表中"▲"表示"应包括的信息"，"△"表示"宜包括的信息"，"○"表示"可包括的信息"。

条文说明

加固土桩信息为某段地基处置的信息，非每根加固土桩的信息。

D.2.10 水泥粉煤灰碎石桩（CFG 桩）信息深度应符合表 D.2.10 的规定。

表 D.2.10 水泥粉煤灰碎石桩（CFG 桩）信息深度

属性信息		L2.0	L3.0	备注
标识信息	标识码	○	○	
	分类编码	△	▲	
位置信息	起点桩号	△	▲	
	终点桩号	△	▲	
	位置	△	▲	如左侧、右侧
尺寸信息	桩距	△	▲	
	桩长	△	▲	
	桩径	△	▲	
设计信息	特殊路基类型	▲	▲	如软土
	布置形式	△	▲	如等边三角形
	根数	△	▲	
	桩体材料及用量	△	▲	
	垫层材料及用量	△	▲	
	桩体强度	○	△	
	地基承载力	○	△	
	其他要求	○	○	

注：表中"▲"表示"应包括的信息"，"△"表示"宜包括的信息"，"○"表示"可包括的信息"。

条文说明

水泥粉煤灰碎石桩（CFG 桩）信息为某段地基处置的信息，非每根水泥粉煤灰碎石桩（CFG 桩）的信息。

D.2.11 刚性桩信息深度应符合表 D.2.11 的规定。

表 D.2.11 刚性桩信息深度

属性信息		L2.0	L3.0	备注
标识信息	标识码	○	○	
	分类编码	△	▲	
位置信息	起点桩号	△	▲	
	终点桩号	△	▲	
	位置	△	▲	如左侧、右侧
尺寸信息	桩距	△	▲	
	桩长	△	▲	
	桩径	△	▲	

续表 D.2.11

属性信息		L2.0	L3.0	备注
设计信息	特殊路基类型	▲	▲	如软土
	布置形式	△	▲	如等边三角形
	根数	△	▲	
	混凝土强度等级及用量	△	▲	
	垫层材料及用量	△	▲	
	单桩承载力	○	△	
	地基承载力	○	△	
	其他要求	○	○	

注：表中"▲"表示"应包括的信息"，"△"表示"宜包括的信息"，"○"表示"可包括的信息"。

条文说明

刚性桩信息为某段地基处置的信息，非每根刚性桩的信息。

D.2.12 灰土挤密桩信息深度应符合表 D.2.12 的规定。

表 D.2.12 灰土挤密桩信息深度

属性信息		L2.0	L3.0	备注
标识信息	标识码	○	○	
	分类编码	△	▲	
位置信息	起点桩号	△	▲	
	终点桩号	△	▲	
	位置	△	▲	如左侧、右侧
尺寸信息	桩距	△	▲	
	桩长	△	▲	
	桩径	△	▲	
设计信息	特殊路基类型	▲	▲	如湿陷性黄土Ⅲ级
	布置形式	△	▲	如等边三角形
	根数	△	▲	
	地基承载力	○	△	
	其他要求	○	○	

注：表中"▲"表示"应包括的信息"，"△"表示"宜包括的信息"，"○"表示"可包括的信息"。

条文说明

灰土挤密桩信息为某段地基处置的信息，非每根灰土挤密桩的信息。

D.2.13 碎石挤密桩信息深度应符合表 D.2.13 的规定。

表 D.2.13 碎石挤密桩信息深度

属性信息		L2.0	L3.0	备 注
标识信息	标识码	○	○	
	分类编码	△	▲	
位置信息	起点桩号	△	▲	
	终点桩号	△	▲	
	位置	△	▲	如左侧、右侧
尺寸信息	桩距	△	▲	
	桩长	△	▲	
	桩径	△	▲	
设计信息	特殊路基类型	▲	▲	如湿陷性黄土Ⅲ级
	布置形式	△	▲	如正方形
	根数	△	▲	
	地基承载力	○	△	
	其他要求	○	○	

注：表中"▲"表示"应包括的信息"，"△"表示"宜包括的信息"，"○"表示"可包括的信息"。

条文说明

碎石挤密桩信息为某段地基处置的信息，非每根碎石挤密桩的信息。

D.2.14 强夯信息深度应符合表 D.2.14 的规定。

表 D.2.14 强夯信息深度

属性信息		L2.0	L3.0	备 注
标识信息	标识码	○	○	
	分类编码	△	▲	
位置信息	起点桩号	▲	▲	
	终点桩号	▲	▲	
	位置	△	▲	如左侧、右侧
尺寸信息	强夯面积	▲	▲	
	夯点间距	△	▲	
设计信息	特殊路基类型	▲	▲	如弱盐渍土
	夯击次数	△	▲	
	夯击能	△	▲	
	其他要求	○	○	

注：表中"▲"表示"应包括的信息"，"△"表示"宜包括的信息"，"○"表示"可包括的信息"。

D.2.15 重锤夯实信息深度应符合表 D.2.15 的规定。

表 D.2.15 重锤夯实信息深度

属性信息		L2.0	L3.0	备注
标识信息	标识码	○	○	
	分类编码	△	▲	
位置信息	起点桩号	▲	▲	
	终点桩号	▲	▲	
	位置	△	▲	如左侧、右侧
尺寸信息	重夯面积	▲	▲	
	夯点间距	△	▲	
设计信息	特殊路基类型	▲	▲	如湿陷性黄土Ⅱ级
	夯击次数	△	▲	
	夯击能	△	▲	
	其他要求	○	○	

注：表中"▲"表示"应包括的信息"，"△"表示"宜包括的信息"，"○"表示"可包括的信息"。

D.2.16 冲击碾压信息深度应符合表 D.2.16 的规定。

表 D.2.16 冲击碾压信息深度

属性信息		L2.0	L3.0	备注
标识信息	标识码	○	○	
	分类编码	△	▲	
位置信息	起点桩号	▲	▲	
	终点桩号	▲	▲	
	位置	△	▲	如左侧、右侧
尺寸信息	碾压面积	▲	▲	
设计信息	特殊路基类型	▲	▲	如弱盐渍土
	碾压次数	△	▲	
	其他要求	○	○	

注：表中"▲"表示"应包括的信息"，"△"表示"宜包括的信息"，"○"表示"可包括的信息"。

D.2.17 预压与超载预压信息深度应符合表 D.2.17 的规定。

表 D.2.17 预压与超载预压信息深度

属性信息		L2.0	L3.0	备注
标识信息	标识码	○	○	
	分类编码	△	▲	

续表 D.2.17

属性信息		L2.0	L3.0	备注
位置信息	起点桩号	▲	▲	
	终点桩号	▲	▲	
	位置	△	▲	如左侧、右侧
尺寸信息	预压面积	▲	▲	
设计信息	特殊路基类型	▲	▲	如膨胀土
	预压时间	△	▲	
	预压材料及方量	△	▲	
	其他要求	○	○	

注：表中"▲"表示"应包括的信息"，"△"表示"宜包括的信息"，"○"表示"可包括的信息"。

D.2.18 浸水预溶信息深度应符合表 D.2.18 的规定。

表 D.2.18 浸水预溶信息深度

属性信息		L2.0	L3.0	备注
标识信息	标识码	○	○	
	分类编码	△	▲	
位置信息	起点桩号	▲	▲	
	终点桩号	▲	▲	
	位置	△	▲	如左侧、右侧
尺寸信息	浸水预溶面积	▲	▲	
设计信息	特殊路基类型	▲	▲	如中等盐渍土
	浸水方量	△	▲	
	浸水时间	△	▲	
	其他要求	○	○	

注：表中"▲"表示"应包括的信息"，"△"表示"宜包括的信息"，"○"表示"可包括的信息"。

D.2.19 反压信息深度应符合表 D.2.19 的规定。

表 D.2.19 反压信息深度

属性信息		L2.0	L3.0	备注
标识信息	标识码	○	○	
	分类编码	△	▲	
位置信息	起点桩号	▲	▲	
	终点桩号	▲	▲	
	位置	△	▲	如左侧、右侧
设计信息	反压土方量	△	▲	
	其他要求	○	○	

注：表中"▲"表示"应包括的信息"，"△"表示"宜包括的信息"，"○"表示"可包括的信息"。

D.2.20 削坡减载信息深度应符合表 D.2.20 的规定。

表 D.2.20　削坡减载信息深度

属性信息		L2.0	L3.0	备 注
标识信息	标识码	○	○	
	分类编码	△	▲	
位置信息	起点桩号	▲	▲	
	终点桩号	▲	▲	
	位置	△	▲	如左侧、右侧
设计信息	削坡方量	▲	▲	
	其他要求	○	○	

注：表中"▲"表示"应包括的信息"，"△"表示"宜包括的信息"，"○"表示"可包括的信息"。

D.2.21 旋喷桩信息深度应符合表 D.2.21 的规定。

表 D.2.21　旋喷桩信息深度

属性信息		L2.0	L3.0	备 注
标识信息	标识码	○	○	
	分类编码	△	▲	
位置信息	起点桩号	△	▲	
	终点桩号	△	▲	
	位置	△	▲	如左侧、右侧
尺寸信息	桩距	△	▲	
	桩长	△	▲	
	桩径	△	▲	
设计信息	特殊路基类型	▲	▲	如岩溶
	布置形式	△	▲	如正方形
	根数	△	▲	
	注浆材料及用量	△	▲	
	地基承载力	○	△	
	其他要求	○	○	

注：表中"▲"表示"应包括的信息"，"△"表示"宜包括的信息"，"○"表示"可包括的信息"。

D.2.22 注浆信息深度应符合表 D.2.22 的规定。

表 D.2.22　注浆信息深度

属性信息		L2.0	L3.0	备 注
标识信息	标识码	○	○	
	分类编码	△	▲	

续表 D.2.22

属性信息		L2.0	L3.0	备注
位置信息	起点桩号	▲	▲	
	终点桩号	▲	▲	
	位置	△	▲	如左侧、右侧
设计信息	特殊路基类型	▲	▲	如岩溶
	注浆强度等级及用量	△	▲	
	其他要求	○	○	

注：表中"▲"表示"应包括的信息"，"△"表示"宜包括的信息"，"○"表示"可包括的信息"。

D.3 排水

D.3.1 排水信息深度应符合表 D.3.1 的规定。

表 D.3.1 排水信息深度

属性信息		L2.0	L3.0	备注
标识信息	标识码	○	○	
	分类编码	△	▲	
位置信息	起点桩号	▲	▲	如 K10+200
	终点桩号	▲	▲	如 K12+200
	位置	▲	▲	如左侧、右侧
设计信息	土工材料及用量	○	△	
	其他要求	○	○	

注：表中"▲"表示"应包括的信息"，"△"表示"宜包括的信息"，"○"表示"可包括的信息"。

条文说明

此处排水信息是某一段路基排水的总体信息，其起止位置与路基土石方保持一致。排水构件中土工材料可不建模，在此给出总用量。

D.3.2 排水管信息深度应符合表 D.3.2 的规定。

表 D.3.2 排水管信息深度

属性信息		L2.0	L3.0	备注
标识信息	标识码	○	○	
	分类编码	▲	▲	
尺寸信息	管长	▲	▲	
	外径	▲	▲	
	壁厚	△	▲	

续表 D.3.2

属性信息		L2.0	L3.0	备 注
设计信息	管料规格及用量	△	▲	
	挖土方量	△	▲	
	其他要求	○	○	

注：表中"▲"表示"应包括的信息"，"△"表示"宜包括的信息"，"○"表示"可包括的信息"。

条文说明

本条适用于路基排水中的横向排水管、纵向排水管和仰斜式排水管。

D.3.3 土沟信息深度应符合表 D.3.3-1 的规定，浆砌水沟信息深度应符合表 D.3.3-2 的规定。

表 D.3.3-1 土沟信息深度

属性信息		L2.0	L3.0	备 注
标识信息	标识码	○	○	
	分类编码	△	▲	
位置信息	起点桩号	▲	▲	
	终点桩号	▲	▲	
	位置	▲	▲	如左侧、右侧
尺寸信息	主要尺寸	▲	▲	如浅碟形（沟深、底宽）
	沟底纵坡	△	▲	
设计信息	挖土方量	△	▲	
	其他要求	○	○	

注：表中"▲"表示"应包括的信息"，"△"表示"宜包括的信息"，"○"表示"可包括的信息"。

表 D.3.3-2 浆砌水沟信息深度

属性信息		L2.0	L3.0	备 注
标识信息	标识码	○	○	
	分类编码	△	▲	
位置信息	起点桩号	▲	▲	
	终点桩号	▲	▲	
	位置	▲	▲	如左侧、右侧
尺寸信息	主要尺寸	▲	▲	如矩形（宽、高）
	盖板尺寸	△	▲	如矩形（长、宽、厚）
	沟底纵坡	△	▲	

续表 D.3.3-2

属性信息		L2.0	L3.0	备注
设计信息	片（块）石强度等级及用量	△	▲	
	混凝土强度等级及用量	△	▲	
	盖板钢筋牌号及用量	△	▲	
	垫层厚度及用量	△	▲	
	挖土方量	△	▲	
	其他要求	○	○	

注：表中"▲"表示"应包括的信息"，"△"表示"宜包括的信息"，"○"表示"可包括的信息"。

D.3.4 急流槽信息深度应符合表 D.3.4 的规定。

表 D.3.4 急流槽信息深度

属性信息		L2.0	L3.0	备注
标识信息	标识码	○	○	
	分类编码	△	▲	
位置信息	桩号	▲	▲	
	位置	▲	▲	如左侧、右侧
尺寸信息	主要尺寸	△	▲	如矩形（宽、高）
	槽身长	△	▲	
	平均坡率	△	▲	
设计信息	片（块）石强度等级及用量	△	▲	
	混凝土强度等级及用量	△	▲	
	垫层厚度及用量	△	▲	
	挖土方量	△	▲	
	其他要求	○	○	

注：表中"▲"表示"应包括的信息"，"△"表示"宜包括的信息"，"○"表示"可包括的信息"。

D.3.5 跌水信息深度应符合表 D.3.5 的规定。

表 D.3.5 跌水信息深度

属性信息		L2.0	L3.0	备注
标识信息	标识码	○	○	
	分类编码	△	▲	
位置信息	桩号	▲	▲	
	位置	▲	▲	如左侧、右侧
	进口高程	○	△	
	出口高程	○	△	

续表 D.3.5

属性信息		L2.0	L3.0	备注
尺寸信息	主要尺寸	▲	▲	如矩形（宽、高）
	跌水高度	▲	▲	
设计信息	片（块）石强度等级及用量	△	▲	
	混凝土强度等级及用量	△	▲	
	垫层厚度及用量	△	▲	
	挖土方量	△	▲	
	其他要求	○	○	

注：表中"▲"表示"应包括的信息"，"△"表示"宜包括的信息"，"○"表示"可包括的信息"。

D.3.6 沉淀池、蒸发池信息深度应符合表 D.3.6 的规定。

表 D.3.6 沉淀池、蒸发池信息深度

属性信息		L2.0	L3.0	备注
标识信息	标识码	○	○	
	分类编码	△	▲	
位置信息	桩号	▲	▲	
	位置	▲	▲	如左侧、右侧
尺寸信息	主要尺寸	▲	▲	如矩形（长、宽）
	深度	▲	▲	
设计信息	片（块）石强度等级及用量	△	▲	
	混凝土强度等级及用量	△	▲	
	钢筋牌号及用量	△	▲	
	垫层厚度及用量	△	▲	
	挖土方量	△	▲	
	其他要求	○	○	

注：表中"▲"表示"应包括的信息"，"△"表示"宜包括的信息"，"○"表示"可包括的信息"。

D.3.7 排水泵站沉井信息深度应符合表 D.3.7 的规定。

表 D.3.7 排水泵站沉井信息深度

属性信息		L2.0	L3.0	备注
标识信息	标识码	○	○	
	分类编码	△	▲	
位置信息	桩号	▲	▲	
	位置	▲	▲	如左侧、右侧
	井口高程	○	△	

续表 D.3.7

属性信息		L2.0	L3.0	备注
尺寸信息	主要尺寸	▲	▲	如矩形（长、宽）
	井深	▲	▲	
	盖板尺寸	△	▲	如矩形（长、宽、厚）
设计信息	片（块）石强度等级及用量	△	▲	
	混凝土强度等级及用量	△	▲	
	盖板钢筋牌号及用量	△	▲	
	垫层厚度及用量	△	▲	
	挖土方量	△	▲	
	其他要求	○	○	

注：表中"▲"表示"应包括的信息"，"△"表示"宜包括的信息"，"○"表示"可包括的信息"。

D.3.8 盲沟信息深度应符合表 D.3.8 的规定。

表 D.3.8 盲沟信息深度

属性信息		L2.0	L3.0	备注
标识信息	标识码	○	○	
	分类编码	△	▲	
位置信息	起点桩号	▲	▲	
	终点桩号	▲	▲	
	位置	▲	▲	如左侧、右侧
尺寸信息	主要尺寸	▲	▲	如矩形（宽、高）
	沟底纵坡	△	▲	
设计信息	片（块）石强度等级及用量	△	▲	
	混凝土强度等级及用量	△	▲	
	填料及方量	△	▲	
	垫层厚度及用量	△	▲	
	挖土方量	△	▲	
	其他要求	○	○	

注：表中"▲"表示"应包括的信息"，"△"表示"宜包括的信息"，"○"表示"可包括的信息"。

D.3.9 集水（检查）井信息深度应符合表 D.3.9 的规定。

表 D.3.9 集水（检查）井信息深度

属性信息		L2.0	L3.0	备注
标识信息	标识码	○	○	
	分类编码	△	▲	

续表 D.3.9

属 性 信 息		L2.0	L3.0	备 注
位置信息	桩号	▲	▲	
	位置	▲	▲	如左侧、右侧
	井口高程	○	▲	
尺寸信息	主要尺寸	▲	▲	如矩形（长、宽）
	井深	▲	▲	
	盖板尺寸	△	▲	如矩形（长、宽、厚）
设计信息	片（块）石强度等级及用量	△	▲	
	混凝土强度等级及用量	△	▲	
	盖板钢筋牌号及用量	△	▲	
	垫层厚度及用量	△	▲	
	挖土方量	△	▲	
	其他要求	○	○	

注：表中"▲"表示"应包括的信息"，"△"表示"宜包括的信息"，"○"表示"可包括的信息"。

D.4 支挡防护

D.4.1 支挡防护信息深度应符合表 D.4.1 的规定。

表 D.4.1 支挡防护信息深度

属 性 信 息		L2.0	L3.0	备 注
标识信息	标识码	○	○	
	分类编码	△	▲	
位置信息	起点桩号	▲	▲	如 K10+200
	终点桩号	▲	▲	如 K12+200
尺寸信息	防护长度	▲	▲	
设计信息	泄水管规格及用量	○	△	
	反滤层材料及用量	○	△	
	土工材料及用量	○	△	
	其他要求	○	○	

注：表中"▲"表示"应包括的信息"，"△"表示"宜包括的信息"，"○"表示"可包括的信息"。

条文说明

此处支挡防护信息是某一段路基支挡防护的总体信息，其起止位置与路基土石方保持一致。

挡土墙、坡面防护等支挡防护中泄水管、反滤层、土工材料可不建模，在此给出总用量。

D.4.2 重力式、衡重式挡土墙信息深度应符合表 D.4.2 的规定。

表 D.4.2 重力式、衡重式挡土墙信息深度

属性信息		L2.0	L3.0	备注
标识信息	标识码	○	○	
	分类编码	△	▲	
位置信息	起点桩号	▲	▲	
	终点桩号	▲	▲	
	位置	▲	▲	如左侧、右侧
尺寸信息	墙长	▲	▲	
	墙高	▲	▲	
	顶宽	▲	▲	
	底宽	▲	▲	
	衡重台宽	▲	▲	
	墙趾宽	▲	▲	
	墙趾高	▲	▲	
	墙面坡率	△	▲	
	墙背坡率	▲	▲	
	墙底坡率	▲	▲	
设计信息	片（块）石强度等级及用量	▲	▲	
	混凝土强度等级及用量	△	▲	
	钢筋牌号及用量	△	▲	
	泄水管、反滤层要求	○	△	
	沉降缝、伸缩缝要求	○	△	
	墙底地基承载力	○	△	
	其他要求	○	○	

注：表中"▲"表示"应包括的信息"，"△"表示"宜包括的信息"，"○"表示"可包括的信息"。

D.4.3 悬臂式、扶壁式挡土墙信息深度应符合表 D.4.3 的规定。

表 D.4.3 悬臂式、扶壁式挡土墙信息深度

属性信息		L2.0	L3.0	备注
标识信息	标识码	○	○	
	分类编码	△	▲	
位置信息	起点桩号	▲	▲	
	终点桩号	▲	▲	
	位置	▲	▲	如左侧、右侧

续表 D.4.3

属性信息		L2.0	L3.0	备注
尺寸信息	墙长	▲	▲	
	墙高	▲	▲	
	顶宽	▲	▲	
	底板宽	▲	▲	
	底板厚	▲	▲	
	墙趾板宽	▲	▲	
	墙踵板宽	▲	▲	
	扶壁间距	▲	▲	
	扶壁厚度	▲	▲	
	墙面坡率	△	▲	
设计信息	混凝土强度等级及用量	△	▲	
	钢筋牌号及用量	△	▲	
	泄水管、反滤层要求	○	△	
	沉降缝、伸缩缝要求	○	△	
	墙底地基承载力	○	△	
	其他要求	○	○	

注：表中"▲"表示"应包括的信息"，"△"表示"宜包括的信息"，"○"表示"可包括的信息"。

D.4.4 锚杆式挡土墙信息深度应符合表 D.4.4-1 的规定，挡土板信息深度应符合表 D.4.4-2 的规定，肋柱信息深度应符合表 D.4.4-3 的规定。

表 D.4.4-1 锚杆式挡土墙信息深度

属性信息		L2.0	L3.0	备注
标识信息	标识码	○	○	
	分类编码	△	▲	
位置信息	起点桩号	▲	▲	
	终点桩号	▲	▲	
	位置	▲	▲	如左侧、右侧
尺寸信息	墙长	▲	▲	
	墙高	▲	▲	
	肋柱间距	▲	▲	
	锚孔孔深	△	▲	
	锚孔孔径	△	▲	
	锚孔间距	△	▲	
	锚杆、锚索长度	○	▲	

续表 D.4.4-1

属性信息		L2.0	L3.0	备注
设计信息	注浆强度等级及用量	△	▲	
	锚杆、锚索材料及用量	△	▲	
	泄水管、反滤层要求	○	△	
	沉降缝、伸缩缝要求	○	△	
	墙底地基承载力	○	△	
	抗拔力	○	△	
	其他要求	○	○	

注：表中"▲"表示"应包括的信息"，"△"表示"宜包括的信息"，"○"表示"可包括的信息"。

表 D.4.4-2　挡土板信息深度

属性信息		L2.0	L3.0	备注
标识信息	标识码	○	○	
	分类编码	△	▲	
尺寸信息	板高	▲	▲	
	板宽	▲	▲	
	板厚	▲	▲	
设计信息	混凝土强度等级及用量	△	▲	
	钢筋牌号及用量	△	▲	
	其他要求	○	○	

注：表中"▲"表示"应包括的信息"，"△"表示"宜包括的信息"，"○"表示"可包括的信息"。

表 D.4.4-3　肋柱信息深度

属性信息		L2.0	L3.0	备注
标识信息	标识码	○	○	
	分类编码	△	▲	
尺寸信息	柱高	▲	▲	
	截面尺寸	▲	▲	
	仰斜度	△	▲	
设计信息	混凝土强度等级及用量	△	▲	
	钢筋牌号及用量	△	▲	
	其他要求	○	○	

注：表中"▲"表示"应包括的信息"，"△"表示"宜包括的信息"，"○"表示"可包括的信息"。

D.4.5 锚定板式挡土墙信息深度应符合表 D.4.5-1 的规定，面板信息深度应符合表 D.4.5-2 的规定，肋柱信息深度应符合表 D.4.4-3 的规定。

表 D.4.5-1 锚定板式挡土墙信息深度

属性信息		L2.0	L3.0	备注
标识信息	标识码	○	○	
	分类编码	△	▲	
位置信息	起点桩号	▲	▲	
	终点桩号	▲	▲	
	位置	▲	▲	如左侧、右侧
尺寸信息	墙长	▲	▲	
	墙高	▲	▲	
	肋柱间距	▲	▲	
	锚定板面积	△	▲	
	拉杆间距	△	▲	
	拉杆长度	○	▲	
设计信息	拉杆钢筋牌号及用量	△	▲	
	泄水管、反滤层要求	○	△	
	沉降缝、伸缩缝要求	○	△	
	墙底地基承载力	○	△	
	其他要求	○	○	

注：表中"▲"表示"应包括的信息"，"△"表示"宜包括的信息"，"○"表示"可包括的信息"。

表 D.4.5-2 面板信息深度

属性信息		L2.0	L3.0	备注
标识信息	标识码	○	○	
	分类编码	△	▲	
尺寸信息	板高	▲	▲	
	板宽	▲	▲	
	板厚	▲	▲	
设计信息	混凝土强度等级及用量	△	▲	
	钢筋牌号及用量	△	▲	
	其他要求	○	○	

注：表中"▲"表示"应包括的信息"，"△"表示"宜包括的信息"，"○"表示"可包括的信息"。

D.4.6 加筋土式挡土墙信息深度应符合表 D.4.6 的规定。

表 D.4.6 加筋土式挡土墙信息深度

属性信息		L2.0	L3.0	备注
标识信息	标识码	○	○	
	分类编码	△	▲	

续表 D.4.6

属性信息		L2.0	L3.0	备注
位置信息	起点桩号	▲	▲	
	终点桩号	▲	▲	
	位置	▲	▲	如左侧、右侧
尺寸信息	墙长	▲	▲	
	墙高	▲	▲	
	墙面顶宽	▲	▲	
	墙面底宽	▲	▲	
	墙面厚	▲	▲	
	筋带间距	△	▲	
	筋带长度	△	▲	
设计信息	片（块）石强度等级及用量	△	▲	
	混凝土强度等级及用量	△	▲	
	钢筋牌号及用量	△	▲	
	筋带材料及用量	△	▲	
	泄水管、反滤层要求	○	△	
	沉降缝、伸缩缝要求	○	△	
	墙底地基承载力	○	△	
	其他要求	○	○	

注：表中"▲"表示"应包括的信息"，"△"表示"宜包括的信息"，"○"表示"可包括的信息"。

D.4.7 桩板式挡土墙信息深度应符合表 D.4.7 的规定，挡土板信息深度应符合表 D.4.4-2 的规定，桩信息深度应符合本标准第 F.3 节的有关规定。

表 D.4.7 桩板式挡土墙信息深度

属性信息		L2.0	L3.0	备注
标识信息	标识码	○	○	
	分类编码	△	▲	
位置信息	起点桩号	▲	▲	
	终点桩号	▲	▲	
	位置	▲	▲	如左侧、右侧
尺寸信息	墙长	▲	▲	
	墙高	▲	▲	
	桩间距	▲	▲	
设计信息	泄水管、反滤层要求	○	△	
	沉降缝、伸缩缝要求	○	△	
	墙底地基承载力	○	△	
	其他要求	○	○	

注：表中"▲"表示"应包括的信息"，"△"表示"宜包括的信息"，"○"表示"可包括的信息"。

D.4.8 墙背填土信息深度应符合表 D.4.8 的规定。

表 D.4.8 墙背填土信息深度

属性信息		L2.0	L3.0	备注
标识信息	标识码	○	○	
	分类编码	△	▲	
位置信息	起点桩号	△	▲	
	终点桩号	△	▲	
	位置	△	▲	如左侧、右侧
设计信息	回填材料及方量	○	▲	
	其他要求	○	△	

注：表中"▲"表示"应包括的信息"，"△"表示"宜包括的信息"，"○"表示"可包括的信息"。

D.4.9 植物防护信息深度应符合表 D.4.9-1 的规定，检修踏步信息深度应符合表 D.4.9-2 的规定，碎落台、边坡平台信息深度应符合表 D.4.9-3 的规定。

表 D.4.9-1 植物防护信息深度

属性信息		L2.0	L3.0	备注
标识信息	标识码	○	○	
	分类编码	△	▲	
位置信息	起点桩号	▲	▲	
	终点桩号	▲	▲	
	位置	▲	▲	如左侧、右侧
尺寸信息	边坡坡高	▲	▲	
	防护长度	▲	▲	
	防护面积	▲	▲	
	坡率	△	▲	
设计信息	边坡类型	△	▲	如填方、挖方
	边坡级数	△	▲	如三级边坡，第一级
	植物说明及用量	△	▲	
	挖土方量	△	▲	
	土工材料及用量	○	△	
	其他要求	○	○	

注：表中"▲"表示"应包括的信息"，"△"表示"宜包括的信息"，"○"表示"可包括的信息"。

表 D.4.9-2 检修踏步信息深度

属性信息		L2.0	L3.0	备注
标识信息	标识码	○	○	
	分类编码	△	▲	

续表 D.4.9-2

属性信息		L2.0	L3.0	备注
尺寸信息	高度	△	▲	
	宽度	△	▲	
设计信息	片（块）石强度等级及用量	△	▲	
	混凝土强度等级及用量	△	▲	
	其他要求	○	○	

注：表中"▲"表示"应包括的信息"，"△"表示"宜包括的信息"，"○"表示"可包括的信息"。

表 D.4.9-3 碎落台、边坡平台信息深度

属性信息		L2.0	L3.0	备注
标识信息	标识码	○	○	
	分类编码	△	▲	
尺寸信息	宽度	△	▲	
	坡度	△	▲	
设计信息	混凝土强度等级及用量	△	▲	
	其他要求	○	○	

注：表中"▲"表示"应包括的信息"，"△"表示"宜包括的信息"，"○"表示"可包括的信息"。

D.4.10 骨架植物防护信息深度应符合表 D.4.10 的规定，检修踏步信息深度应符合表 D.4.9-2 的规定，碎落台信息深度应符合表 D.4.9-3 的规定。

表 D.4.10 骨架植物防护信息深度

属性信息		L2.0	L3.0	备注
标识信息	标识码	○	○	
	分类编码	△	▲	
位置信息	起点桩号	▲	▲	
	终点桩号	▲	▲	
	位置	▲	▲	如左侧、右侧
尺寸信息	边坡坡高	▲	▲	
	防护长度	▲	▲	
	坡率	△	▲	
设计信息	边坡类型	△	▲	如填方、挖方
	边坡级数	△	▲	如三级边坡，第一级
	骨架形式	△	▲	如人字形、拱形、方格形
	植物说明及用量	△	▲	
	混凝土强度等级及用量	△	▲	
	挖土方量	△	▲	
	其他要求	○	○	

注：表中"▲"表示"应包括的信息"，"△"表示"宜包括的信息"，"○"表示"可包括的信息"。

D.4.11 喷护、挂网喷护信息深度应符合表 D.4.11 的规定，检修踏步信息深度应符合表 D.4.9-2 的规定，碎落台信息深度应符合表 D.4.9-3 的规定。

表 D.4.11 喷护、挂网喷护信息深度

属性信息		L2.0	L3.0	备 注
标识信息	标识码	○	○	
	分类编码	△	▲	
位置信息	起点桩号	▲	▲	
	终点桩号	▲	▲	
	位置	▲	▲	如左侧、右侧
尺寸信息	边坡坡高	▲	▲	
	防护长度	▲	▲	
	坡率	△	▲	
	喷护厚度	△	▲	
	锚孔孔深	△	▲	
	锚孔孔径	△	▲	
	锚孔间距	△	▲	
	锚杆、锚索长度	○	▲	
设计信息	边坡类型	△	▲	如填方、挖方
	边坡级数	△	▲	如三级边坡，第一级
	植物说明及用量	△	▲	
	注浆强度等级及用量	△	▲	
	锚杆、锚索材料及用量	△	▲	
	铁丝网用量	△	▲	
	挖土方量	△	▲	
	抗拔力	○	△	
	其他要求	○	○	

注：表中"▲"表示"应包括的信息"，"△"表示"宜包括的信息"，"○"表示"可包括的信息"。

D.4.12 砌体坡面防护信息深度应符合表 D.4.12 的规定，检修踏步信息深度应符合表 D.4.9-2 的规定，碎落台信息深度应符合表 D.4.9-3 的规定。

表 D.4.12 砌体坡面防护信息深度

属性信息		L2.0	L3.0	备 注
标识信息	标识码	○	○	
	分类编码	△	▲	
位置信息	起点桩号	▲	▲	
	终点桩号	▲	▲	
	位置	▲	▲	如左侧、右侧

续表 D.4.12

属性信息		L2.0	L3.0	备注
尺寸信息	边坡坡高	▲	▲	
	防护长度	▲	▲	
	坡率	△	▲	
	护坡厚度	▲	▲	
设计信息	边坡类型	△	▲	如填方、挖方
	边坡级数	△	▲	如三级边坡,第一级
	片(块)石强度等级及用量	△	▲	
	混凝土强度等级及用量	△	▲	
	挖土方量	△	▲	
	泄水管、反滤层要求	○	△	
	伸缩缝要求	○	△	
	防护岩土类型	○	△	
	其他要求	○	○	

注:表中"▲"表示"应包括的信息","△"表示"宜包括的信息","○"表示"可包括的信息"。

D.4.13 护面墙信息深度应符合表 D.4.13 的规定,检修踏步信息深度应符合表 D.4.9-2 的规定,碎落台信息深度应符合表 D.4.9-3 的规定。

表 D.4.13 护面墙信息深度

属性信息		L2.0	L3.0	备注
标识信息	标识码	○	○	
	分类编码	△	▲	
位置信息	起点桩号	▲	▲	
	终点桩号	▲	▲	
	位置	▲	▲	如左侧、右侧
尺寸信息	边坡坡高	▲	▲	
	顶宽	▲	▲	
	底宽	▲	▲	
	墙面坡率	○	△	
	墙背坡率	○	△	
	基底坡率	○	△	
设计信息	边坡类型	△	▲	如填方、挖方
	边坡级数	△	▲	如三级边坡,第一级
	片(块)石强度等级及用量	△	▲	
	混凝土强度等级及用量	△	▲	

续表 D.4.13

属性信息		L2.0	L3.0	备注
设计信息	挖土方量	△	▲	
	泄水管、反滤层要求	○	△	
	伸缩缝要求	○	△	
	防护岩土类型	○	△	
	其他要求	○	○	

注：表中"▲"表示"应包括的信息"，"△"表示"宜包括的信息"，"○"表示"可包括的信息"。

D.4.14 石笼防护信息深度应符合表 D.4.14 的规定。

表 D.4.14 石笼防护信息深度

属性信息		L2.0	L3.0	备注
标识信息	标识码	○	○	
	分类编码	△	▲	
位置信息	起点桩号	▲	▲	
	终点桩号	▲	▲	
	位置	▲	▲	如左侧、右侧
尺寸信息	防护高度	▲	▲	
	防护长度	▲	▲	
	石笼尺寸	○	△	
设计信息	填料规格及用量	△	▲	
	挖土方量	△	▲	
	地基承载力	○	△	
	其他要求	○	○	

注：表中"▲"表示"应包括的信息"，"△"表示"宜包括的信息"，"○"表示"可包括的信息"。

D.4.15 护坦信息深度应符合表 D.4.15 的规定。

表 D.4.15 护坦信息深度

属性信息		L2.0	L3.0	备注
标识信息	标识码	○	○	
	分类编码	△	▲	
位置信息	起点桩号	▲	▲	
	终点桩号	▲	▲	
	位置	▲	▲	如左侧、右侧
尺寸信息	顶宽	▲	▲	
	埋深	▲	▲	

续表 D.4.15

属性信息		L2.0	L3.0	备注
设计信息	片（块）石强度等级及用量	△	▲	
	混凝土强度等级及用量	△	▲	
	伸缩缝要求	○	△	
	地基承载力	○	△	
	其他要求	○	○	

注：表中"▲"表示"应包括的信息"，"△"表示"宜包括的信息"，"○"表示"可包括的信息"。

D.4.16 导流堤、坝工程信息深度应符合表 D.4.16 的规定。

表 D.4.16 导流堤、坝工程信息深度

属性信息		L2.0	L3.0	备注
标识信息	标识码	○	○	
	分类编码	△	▲	
位置信息	起点桩号	▲	▲	
	终点桩号	▲	▲	
	位置	▲	▲	如左侧、右侧
尺寸信息	堤、坝长度	▲	▲	
	堤、坝顶宽	▲	▲	
	堤、坝底宽	▲	▲	
	迎水边坡坡率	○	△	
	背水边坡坡率	○	△	
设计信息	片（块）石强度等级及用量	△	▲	
	混凝土强度等级及用量	△	▲	
	设计水位高程	○	△	
	伸缩缝要求	○	△	
	地基承载力	○	△	
	其他要求	○	○	

注：表中"▲"表示"应包括的信息"，"△"表示"宜包括的信息"，"○"表示"可包括的信息"。

D.4.17 边坡锚固信息深度应符合表 D.4.17 的规定，检修踏步信息深度应符合表 D.4.9-2 的规定，碎落台信息深度应符合表 D.4.9-3 的规定。

表 D.4.17 边坡锚固信息深度

属性信息		L2.0	L3.0	备注
标识信息	标识码	○	○	
	分类编码	△	▲	

续表 D.4.17

属性信息		L2.0	L3.0	备注
位置信息	起点桩号	▲	▲	
	终点桩号	▲	▲	
	位置	▲	▲	如左侧、右侧
尺寸信息	边坡坡高	▲	▲	
	防护长度	▲	▲	
	坡率	△	▲	
	框架梁、地梁、边梁截面尺寸	△	▲	
	锚孔孔深	△	▲	
	锚孔孔径	△	▲	
	锚孔间距	△	▲	
	锚杆、锚索长度	○	▲	
设计信息	边坡类型	△	▲	如填方、挖方
	边坡级数	△	▲	如一级边坡
	混凝土强度等级及用量	△	▲	
	注浆强度等级及用量	△	▲	
	锚杆、锚索材料及用量	△	▲	
	挖土方量	△	▲	
	沉降缝、伸缩缝要求	△	△	
	抗拔力	○	△	
	其他要求	○	○	

注：表中"▲"表示"应包括的信息"，"△"表示"宜包括的信息"，"○"表示"可包括的信息"。

D.4.18 土钉支护信息深度应符合表 D.4.18 的规定，检修踏步信息深度应符合表 D.4.9-2 的规定，碎落台信息深度应符合表 D.4.9-3 的规定。

表 D.4.18 土钉支护信息深度

属性信息		L2.0	L3.0	备注
标识信息	标识码	○	○	
	分类编码	△	▲	
位置信息	起点桩号	▲	▲	
	终点桩号	▲	▲	
	位置	▲	▲	如左侧、右侧
尺寸信息	边坡坡高	▲	▲	
	防护长度	▲	▲	
	坡率	△	▲	

续表 D.4.18

属性信息		L2.0	L3.0	备注
尺寸信息	框架梁、板梁截面尺寸	△	▲	
	土钉孔深	△	▲	
	土钉孔径	△	▲	
	土钉间距	△	▲	
	土钉倾角	△	▲	
	土钉长度	○	▲	
设计信息	边坡类型	△	▲	如填方、挖方
	边坡级数	△	▲	如一级边坡
	混凝土强度等级及用量	△	▲	
	注浆强度等级及用量	△	▲	
	土钉钢筋牌号及用量	△	▲	
	挖土方量	△	▲	
	沉降缝、伸缩缝要求	○	△	
	土钉抗拔力	○	△	
	其他要求	○	○	

注：表中"▲"表示"应包括的信息"，"△"表示"宜包括的信息"，"○"表示"可包括的信息"。

D.4.19 抗滑桩信息深度应符合表 D.4.19 的规定，挡土板信息深度应符合表 D.4.4-2 的规定。

表 D.4.19 抗滑桩信息深度

属性信息		L2.0	L3.0	备注
标识信息	标识码	○	○	
	分类编码	△	▲	
位置信息	桩号	▲	▲	
	位置	▲	▲	如左侧、右侧
尺寸信息	桩长	▲	▲	
	截面尺寸	▲	▲	如矩形（长、宽）
设计信息	桩间距	▲	▲	
	滑坡推力	△	▲	
	抗滑力	△	▲	
	混凝土强度等级及用量	△	▲	
	钢筋牌号及用量	△	▲	
	挖土、石方量	△	▲	
	填土、石方量	△	▲	
	地基承载力	○	△	
	其他要求	○	○	

注：表中"▲"表示"应包括的信息"，"△"表示"宜包括的信息"，"○"表示"可包括的信息"。

附录 E 路面

E.1 路面

E.1.1 路面信息深度应符合表 E.1.1 的规定。

表 E.1.1 路面信息深度

属性信息		L2.0	L3.0	备注
标识信息	标识码	○	○	
	分类编码	△	▲	
位置信息	起点桩号	▲	▲	如 K10 + 200
	终点桩号	▲	▲	如 K12 + 200
尺寸信息	路面长度	▲	▲	
	路面宽度	▲	▲	
设计信息	路面类型	▲	▲	如沥青路面、水泥混凝土路面等
	设计年限	▲	▲	如 10 年、15 年等
	荷载等级	▲	▲	如极重、特重、重
	弯沉值	△	▲	
	标准路拱横坡	○	△	
	其他要求	○	○	

注：表中"▲"表示"应包括的信息"，"△"表示"宜包括的信息"，"○"表示"可包括的信息"。

条文说明

此处路面的起止位置与路基保持一致。

E.1.2 路面（段）信息深度应符合表 E.1.2 的规定。

表 E.1.2 路面（段）信息深度

属性信息		L2.0	L3.0	备注
标识信息	标识码	○	○	
	分类编码	△	▲	
位置信息	起点桩号	▲	▲	如 K10 + 200
	终点桩号	▲	▲	如 K12 + 200

续表 E.1.2

属性信息		L2.0	L3.0	备注
尺寸信息	路面长度	▲	▲	
	路面宽度	▲	▲	
设计信息	功能层及材料用量	△	▲	
	拦水带混凝土强度等级及用量	△	▲	
	其他要求	○	○	

注：表中"▲"表示"应包括的信息"，"△"表示"宜包括的信息"，"○"表示"可包括的信息"。

条文说明

此处路面（段）的起止位置与路基土石方保持一致。

面层、基层、底基层、垫层、路缘石、培路肩和中央分隔带填土的起止位置与路面（段）保持一致。

功能层可以不建模，在此给出要求和用量。

E.2 面层

E.2.1 水泥混凝土面层信息深度应符合表 E.2.1 的规定。

表 E.2.1 水泥混凝土面层信息深度

属性信息		L2.0	L3.0	备注
标识信息	标识码	○	○	
	分类编码	△	▲	
位置信息	起点桩号	▲	▲	如 K10+200
	终点桩号	▲	▲	如 K12+200
尺寸信息	路面宽度	▲	▲	
	板长	▲	▲	
	板宽	▲	▲	
	板厚	▲	▲	
	横坡	○	△	
设计信息	混凝土强度等级及用量	△	▲	
	钢筋牌号及用量	△	▲	
	接缝要求	△	▲	
	其他要求	○	○	

注：表中"▲"表示"应包括的信息"，"△"表示"宜包括的信息"，"○"表示"可包括的信息"。

E.2.2 沥青混凝土面层信息深度应符合表 E.2.2 的规定。

表 E.2.2　沥青混凝土面层信息深度

属性信息		L2.0	L3.0	备注
标识信息	标识码	○	○	
	分类编码	△	▲	
位置信息	起点桩号	▲	▲	如 K10+200
	终点桩号	▲	▲	如 K12+200
尺寸信息	宽度	▲	▲	
	厚度	▲	▲	
	横坡	○	△	
设计信息	上面层厚度、材料及用量	▲	▲	
	中面层厚度、材料及用量	▲	▲	
	下面层厚度、材料及用量	▲	▲	
	其他要求	○	○	

注：表中"▲"表示"应包括的信息"，"△"表示"宜包括的信息"，"○"表示"可包括的信息"。

E.2.3　沥青贯入式面层信息深度应符合表 E.2.3 的规定。

表 E.2.3　沥青贯入式面层信息深度

属性信息		L2.0	L3.0	备注
标识信息	标识码	○	○	
	分类编码	△	▲	
位置信息	起点桩号	▲	▲	如 K10+200
	终点桩号	▲	▲	如 K12+200
尺寸信息	路面宽度	▲	▲	
	厚度	▲	▲	
	横坡	○	△	
设计信息	沥青种类	△	▲	如石油沥青、乳化沥青
	规格及用量	△	▲	
	沥青总用量	△	▲	
	其他要求	○	○	

注：表中"▲"表示"应包括的信息"，"△"表示"宜包括的信息"，"○"表示"可包括的信息"。

E.2.4　沥青表面处置面层信息深度应符合表 E.2.4 的规定。

表 E.2.4　沥青表面处置面层信息深度

属性信息		L2.0	L3.0	备注
标识信息	标识码	○	○	
	分类编码	△	▲	

续表 E.2.4

属性信息		L2.0	L3.0	备 注
位置信息	起点桩号	▲	▲	如 K10+200
	终点桩号	▲	▲	如 K12+200
尺寸信息	路面宽度	▲	▲	
	厚度	▲	▲	
	横坡	○	△	
设计信息	沥青种类	△	▲	如石油沥青、乳化沥青
	规格及用量	△	▲	
	沥青总用量	△	▲	
	其他要求	○	○	

注：表中"▲"表示"应包括的信息"，"△"表示"宜包括的信息"，"○"表示"可包括的信息"。

E.3 基层、底基层

E.3.1 稳定土基层、底基层信息深度应符合表 E.3.1 的规定。

表 E.3.1 稳定土基层、底基层信息深度

属性信息		L2.0	L3.0	备 注
标识信息	标识码	○	○	
	分类编码	△	▲	
位置信息	起点桩号	▲	▲	如 K10+200
	终点桩号	▲	▲	如 K12+200
尺寸信息	宽度	▲	▲	
	厚度	▲	▲	
	横坡	○	△	
设计信息	材料及用量	△	▲	
	其他要求	○	○	

注：表中"▲"表示"应包括的信息"，"△"表示"宜包括的信息"，"○"表示"可包括的信息"。

E.3.2 稳定粒料基层、底基层信息深度应符合表 E.3.2 的规定。

表 E.3.2 稳定粒料基层、底基层信息深度

属性信息		L2.0	L3.0	备 注
标识信息	标识码	○	○	
	分类编码	△	▲	
位置信息	起点桩号	▲	▲	如 K10+200
	终点桩号	▲	▲	如 K12+200

续表 E.3.2

属性信息		L2.0	L3.0	备注
尺寸信息	宽度	▲	▲	
	厚度	▲	▲	
	横坡	○	△	
设计信息	材料及用量	△	▲	
	其他要求	○	○	

注：表中"▲"表示"应包括的信息"，"△"表示"宜包括的信息"，"○"表示"可包括的信息"。

E.3.3 级配碎（砾）石基层、底基层信息深度应符合表 E.3.3 的规定。

表 E.3.3 级配碎（砾）石基层、底基层信息深度

属性信息		L2.0	L3.0	备注
标识信息	标识码	○	○	
	分类编码	△	▲	
位置信息	起点桩号	▲	▲	如 K10 + 200
	终点桩号	▲	▲	如 K12 + 200
尺寸信息	宽度	▲	▲	
	厚度	▲	▲	
	横坡	○	△	
设计信息	材料及用量	△	▲	
	其他要求	○	○	

注：表中"▲"表示"应包括的信息"，"△"表示"宜包括的信息"，"○"表示"可包括的信息"。

E.3.4 填隙碎石（矿渣）基层、底基层信息深度应符合表 E.3.4 的规定。

表 E.3.4 填隙碎石（矿渣）基层、底基层信息深度

属性信息		L2.0	L3.0	备注
标识信息	标识码	○	○	
	分类编码	△	▲	
位置信息	起点桩号	▲	▲	如 K10 + 200
	终点桩号	▲	▲	如 K12 + 200
尺寸信息	宽度	▲	▲	
	厚度	▲	▲	
	横坡	○	△	
设计信息	材料及用量	△	▲	
	其他要求	○	○	

注：表中"▲"表示"应包括的信息"，"△"表示"宜包括的信息"，"○"表示"可包括的信息"。

E.4 垫层

E.4.1 垫层信息深度应符合表 E.4.1 的规定。

表 E.4.1 垫层信息深度

属性信息		L2.0	L3.0	备 注
标识信息	标识码	○	○	
	分类编码	△	▲	
位置信息	起点桩号	△	▲	如 K10+200
	终点桩号	△	▲	如 K12+200
尺寸信息	宽度	△	▲	
	厚度	△	▲	
	横坡	○	△	
设计信息	材料及用量	△	▲	
	其他要求	○	○	

注：表中"▲"表示"应包括的信息"，"△"表示"宜包括的信息"，"○"表示"可包括的信息"。

E.5 路缘石

E.5.1 路缘石信息深度应符合表 E.5.1 的规定。

表 E.5.1 路缘石信息深度

属性信息		L2.0	L3.0	备 注
标识信息	标识码	○	○	
	分类编码	△	▲	
位置信息	起点桩号	△	▲	如 K10+200
	终点桩号	△	▲	如 K12+200
	位置	△	▲	如左侧、右侧
尺寸信息	宽度	△	▲	
	长度	△	▲	
	高度	△	▲	
	外露高度	○	△	
设计信息	混凝土强度等级及用量	△	▲	
	类型	○	△	如立缘石、平缘石
	其他要求	○	○	

注：表中"▲"表示"应包括的信息"，"△"表示"宜包括的信息"，"○"表示"可包括的信息"。

E.6 培路肩

E.6.1 培路肩信息深度应符合表 E.6.1 的规定。

表 E.6.1　培路肩信息深度

属性信息		L2.0	L3.0	备注
标识信息	标识码	○	○	
	分类编码	△	▲	
位置信息	起点桩号	△	▲	如 K10+200
	终点桩号	△	▲	如 K12+200
	位置	△	▲	如左侧、右侧
设计信息	培土厚度及用量	△	▲	
	片（块）石强度等级及用量	△	▲	
	混凝土强度等级及用量	△	▲	
	其他要求	○	○	

注：表中"▲"表示"应包括的信息"，"△"表示"宜包括的信息"，"○"表示"可包括的信息"。

E.7 中央分隔带填土

E.7.1 中央分隔带填土信息深度应符合表 E.7.1 的规定。

表 E.7.1　中央分隔带填土信息深度

属性信息		L2.0	L3.0	备注
标识信息	标识码	○	○	
	分类编码	△	▲	
位置信息	起点桩号	△	▲	如 K10+200
	终点桩号	△	▲	如 K12+200
设计信息	填土厚度及用量	△	▲	
	混凝土强度等级及用量	△	▲	
	土工材料及用量	△	▲	
	其他要求	○	○	

注：表中"▲"表示"应包括的信息"，"△"表示"宜包括的信息"，"○"表示"可包括的信息"。

附录 F 桥梁

F.1 桥梁

F.1.1 桥梁信息深度应符合表 F.1.1 的规定。

表 F.1.1 桥梁信息深度

属性信息		L2.0	L3.0	备注
标识信息	标识码	○	○	
	分类编码	△	△	
	桥梁名称	△	△	
位置信息	起点桩号	▲	▲	如 K5+200
	终点桩号	▲	▲	如 K8+350
尺寸信息	桥全长	▲	▲	
	桥面宽	▲	▲	
	总跨径	▲	▲	
	跨径组合	▲	▲	如 2×(3×32.5)+2(4×35)+(3×40)
	斜交角	△	△	
设计信息	构造形式	▲	▲	如梁式桥、拱式桥、斜拉桥、悬索桥、组合体系桥
	通航等级	▲	▲	如一级航道、二级航道、三级航道、四级航道等
	桥梁规模	▲	▲	如小桥、中桥、大桥、特大桥
	桥梁跨数	▲	▲	如单跨、多跨
	荷载等级	▲	▲	如公路—Ⅰ、公路—Ⅱ
	安全等级	▲	▲	如一级、二级、三级
	设计基准期	△	▲	如 100、50、25
	设计洪水频率	△	▲	如 1/100、1/50 等
	设计流量	△	▲	
	抗震烈度等级	△	▲	如 6、7、8、9 等
	桥下净空	△	▲	
	其他要求	○	○	

注：表中"▲"表示"应包括的信息"，"△"表示"宜包括的信息"，"○"表示"可包括的信息"。

F.1.2 梁式桥上部结构信息深度应符合表 F.1.2-1 的规定,桥联信息深度应符合表 F.1.2-2 的规定,桥跨信息深度应符合表 F.1.2-3 的规定。

表 F.1.2-1 梁式桥上部结构信息深度

属性信息		L2.0	L3.0	备注
标识信息	标识码	○	○	
	分类编码	△	▲	
设计信息	主梁结构	▲	▲	如简支、悬臂、连续、T形刚构、连续刚构梁桥
	截面形式	▲	▲	如板型、肋型、箱型、桁架、组合
	耐久性要求	○	△	
	其他要求	○	○	

注:表中"▲"表示"应包括的信息","△"表示"宜包括的信息","○"表示"可包括的信息"。

表 F.1.2-2 桥联信息深度

属性信息		L2.0	L3.0	备注
标识信息	标识码	○	○	
	分类编码	△	▲	
位置信息	起点桩号	▲	▲	如 K5+200
	终点桩号	▲	▲	如 K5+290
尺寸信息	跨径组合	▲	▲	
	横向梁片数	▲	▲	
	横向梁间距	▲	▲	
设计信息	预应力类型	△	▲	如全预应力、A类预应力、B类预应力
	现浇段长度	○	△	
	其他要求	○	○	

注:表中"▲"表示"应包括的信息","△"表示"宜包括的信息","○"表示"可包括的信息"。

表 F.1.2-3 桥跨信息深度

属性信息		L2.0	L3.0	备注
标识信息	标识码	○	○	
	分类编码	△	▲	
位置信息	起点桩号	▲	▲	如 K5+200
	终点桩号	▲	▲	如 K5+230
尺寸信息	跨径	▲	▲	
	梁片数	▲	▲	
	梁间距	▲	▲	
	横坡	○	△	
设计信息	预应力类型	△	▲	如全预应力、A类预应力、B类预应力
	其他要求	○	○	

注:表中"▲"表示"应包括的信息","△"表示"宜包括的信息","○"表示"可包括的信息"。

F.1.3 拱式桥上部结构信息深度应符合表 F.1.3 的规定。

表 F.1.3 拱式桥上部结构信息深度

属性信息		L2.0	L3.0	备注
标识信息	标识码	○	○	
	分类编码	△	▲	
设计信息	截面形式	▲	▲	如板拱、肋拱、箱拱
	车道位置	▲	▲	如上承式、中承式、下承式
	拱肋形态	▲	▲	如桁架拱桥、刚架拱桥
	拱轴线形态	△	▲	如圆弧拱桥、抛物线拱桥、悬链线拱桥
	受力形式	△	▲	如单铰拱、双铰拱、三铰拱、无铰拱
	拱肋肢数	△	▲	如单肢拱肋、双肢拱肋、三肢拱肋、四肢拱肋
	耐久性要求	○	△	
	其他要求	○	○	

注：表中"▲"表示"应包括的信息"，"△"表示"宜包括的信息"，"○"表示"可包括的信息"。

F.1.4 斜拉桥上部结构信息深度应符合表 F.1.4 的规定。

表 F.1.4 斜拉桥上部结构信息深度

属性信息		L2.0	L3.0	备注
标识信息	标识码	○	○	
	分类编码	△	▲	
尺寸信息	主跨长	▲	▲	
	边跨长	▲	▲	
设计信息	主梁截面形式	▲	▲	如板式、双主梁、单箱单室、单箱多室
	纵向塔数	▲	▲	如独塔、双塔、多塔
	横向塔柱形式	△	▲	如柱式、门式、A形、倒Y形、菱形
	结构形式	△	▲	如漂浮体系、半漂浮体系、塔梁固结体系、刚构体系
	索面布置	△	▲	如单索面、双索面、多索面、空间索面
	索面形态	△	▲	如辐射型、竖琴型、扇型
	耐久性要求	○	△	
	其他要求	○	△	

注：表中"▲"表示"应包括的信息"，"△"表示"宜包括的信息"，"○"表示"可包括的信息"。

F.1.5 悬索桥上部结构信息深度应符合表 F.1.5 的规定。

表 F.1.5　悬索桥上部结构信息深度

属性信息		L2.0	L3.0	备注
标识信息	标识码	○	○	
	分类编码	△	▲	
尺寸信息	主跨长	▲	▲	
	边跨长	▲	▲	
设计信息	主梁截面形式	▲	▲	如板式、双主梁、单箱单室、单箱多室
	纵向塔数	▲	▲	如独塔、双塔、多塔
	锚碇形式	▲	▲	如重力式锚碇、隧道式锚碇、岩锚锚碇
	锚碇锚固系统	△	▲	如预应力锚固、型钢锚固、锚头承压式、销接式
	锚固形式	△	▲	如自锚式、地锚式
	加劲梁形式	△	▲	如桁架式、钢箱式
	耐久性要求	○	△	
	其他要求	○	○	

注：表中"▲"表示"应包括的信息"，"△"表示"宜包括的信息"，"○"表示"可包括的信息"。

F.1.6 下部结构信息深度应符合表 F.1.6 的规定。

表 F.1.6　下部结构信息深度

属性信息		L2.0	L3.0	备注
标识信息	标识码	○	○	
	分类编码	▲	▲	
设计信息	防腐要求	○	△	
	耐久性要求	○	△	
	其他要求	○	○	

注：表中"▲"表示"应包括的信息"，"△"表示"宜包括的信息"，"○"表示"可包括的信息"。

F.1.7 桥面系和附属工程信息深度应符合表 F.1.7 的规定。

表 F.1.7　桥面系和附属工程信息深度

属性信息		L2.0	L3.0	备注
标识信息	标识码	○	○	
	分类编码	△	▲	
设计信息	泄水管规格及用量	○	△	
	其他要求	○	○	

注：表中"▲"表示"应包括的信息"，"△"表示"宜包括的信息"，"○"表示"可包括的信息"。

F.2 预应力

F.2.1 预应力筋信息深度应符合表 F.2.1 的规定。

表 F.2.1 预应力筋信息深度

属性信息		L2.0	L3.0	备注
标识信息	标识码	○	○	
	分类编码	△	▲	
尺寸信息	长度	△	▲	
设计信息	类型	△	▲	如钢绞线、消除应力钢丝、精轧螺纹钢筋
	用量	△	▲	
	面积	○	△	
	张拉强度标准值	○	△	
	其他要求	○	○	

注：表中"▲"表示"应包括的信息"，"△"表示"宜包括的信息"，"○"表示"可包括的信息"。

F.2.2 预应力管道信息深度应符合表 F.2.2 的规定。

表 F.2.2 预应力管道信息深度

属性信息		L2.0	L3.0	备注
标识信息	标识码	○	○	
	分类编码	△	▲	
尺寸信息	管长	△	▲	
	内径	△	▲	
	壁厚	○	△	
设计信息	类型	△	▲	如塑料波纹管、金属波纹管等
	用量	△	▲	
	其他要求	○	○	

注：表中"▲"表示"应包括的信息"，"△"表示"宜包括的信息"，"○"表示"可包括的信息"。

F.2.3 预应力锚具信息深度应符合表 F.2.3 的规定。

表 F.2.3 预应力锚具信息深度

属性信息		L2.0	L3.0	备注
标识信息	标识码	○	○	
	分类编码	△	▲	

续表 F.2.3

属性信息		L2.0	L3.0	备注
设计信息	锚具类型	△	▲	如夹片式锚、锥形锚、墩头锚、螺母锚、挤压锚
	规格型号	△	▲	
	抗拔系数	○	△	
	其他要求	○	○	

注：表中"▲"表示"应包括的信息"，"△"表示"宜包括的信息"，"○"表示"可包括的信息"。

F.3 基础

F.3.1 扩大基础信息深度应符合表 F.3.1 的规定。

表 F.3.1 扩大基础信息深度

属性信息		L2.0	L3.0	备注
标识信息	标识码	○	○	
	分类编码	△	▲	
位置信息	中心桩号	▲	▲	
	顶面高程	○	△	
尺寸信息	长度	▲	▲	
	宽度	▲	▲	
	厚度	▲	▲	
设计信息	片（块）石强度等级及用量	△	▲	
	混凝土强度等级及用量	△	▲	
	钢筋牌号及用量	△	▲	
	换填材料及方量	△	▲	
	回填土方量	△	▲	
	挖土方量	△	▲	
	基础埋深	△	▲	
	基底承载力	○	△	
	其他要求	○	○	

注：表中"▲"表示"应包括的信息"，"△"表示"宜包括的信息"，"○"表示"可包括的信息"。

F.3.2 承台信息深度应符合表 F.3.2 的规定。

表 F.3.2 承台信息深度

属性信息		L2.0	L3.0	备注
标识信息	标识码	○	○	
	分类编码	△	▲	

续表 F.3.2

属性信息		L2.0	L3.0	备注
位置信息	顶面高程	○	△	
尺寸信息	长度	▲	▲	
	宽度	▲	▲	
	厚度	▲	▲	
设计信息	混凝土强度等级及用量	△	▲	
	钢筋牌号及用量	△	▲	
	回填土方量	△	▲	
	挖土方量	△	▲	
	承台埋深	△	▲	
	其他要求	○	○	

注：表中"▲"表示"应包括的信息"，"△"表示"宜包括的信息"，"○"表示"可包括的信息"。

F.3.3 钻孔灌注桩信息深度应符合表 F.3.3 的规定。

表 F.3.3 钻孔灌注桩信息深度

属性信息		L2.0	L3.0	备注
标识信息	标识码	○	○	
	分类编码	△	▲	
位置信息	顶面高程	○	△	
尺寸信息	孔深	▲	▲	
	孔径	▲	▲	
	钻孔倾斜度	△	▲	
设计信息	混凝土强度等级及用量	△	▲	
	钢筋牌号及用量	△	▲	
	承载力	○	△	
	摩阻力	○	△	
	其他要求	○	○	

注：表中"▲"表示"应包括的信息"，"△"表示"宜包括的信息"，"○"表示"可包括的信息"。

F.3.4 挖孔桩信息深度应符合表 F.3.4 的规定。

表 F.3.4 挖孔桩信息深度

属性信息		L2.0	L3.0	备注
标识信息	标识码	○	○	
	分类编码	△	▲	
位置信息	顶面高程	○	△	

续表 F.3.4

属性信息		L2.0	L3.0	备 注
尺寸信息	孔深	▲	▲	
	孔径	▲	▲	
	钻孔倾斜度	△	▲	
设计信息	混凝土强度等级及用量	△	▲	
	钢筋牌号及用量	△	▲	
	承载力	○	△	
	摩阻力	○	△	
	其他要求	○	○	

注：表中"▲"表示"应包括的信息"，"△"表示"宜包括的信息"，"○"表示"可包括的信息"。

F.3.5 混凝土桩信息深度应符合表 F.3.5-1 的规定，钢管桩信息深度应符合表 F.3.5-2 的规定。

表 F.3.5-1 混凝土桩信息深度

属性信息		L2.0	L3.0	备 注
标识信息	标识码	○	○	
	分类编码	△	▲	
位置信息	桩尖高程	○	△	
尺寸信息	桩长	▲	▲	
	桩径	▲	▲	
	倾斜度	△	▲	
设计信息	混凝土强度等级及用量	△	▲	
	钢筋牌号及用量	△	▲	
	贯入度	○	△	
	承载力	○	△	
	摩阻力	○	△	
	其他要求	○	○	

注：表中"▲"表示"应包括的信息"，"△"表示"宜包括的信息"，"○"表示"可包括的信息"。

表 F.3.5-2 钢管桩信息深度

属性信息		L2.0	L3.0	备 注
标识信息	标识码	○	○	
	分类编码	△	▲	
位置信息	桩尖高程	○	△	
尺寸信息	桩长	▲	▲	
	管节外周长	▲	▲	
	倾斜度	△	▲	

续表 F.3.5-2

属性信息		L2.0	L3.0	备注
设计信息	钢材型号及用量	△	▲	
	贯入度	○	△	
	承载力	○	△	
	摩阻力	○	△	
	其他要求	○	○	

注：表中"▲"表示"应包括的信息"，"△"表示"宜包括的信息"，"○"表示"可包括的信息"。

F.3.6 地下连续墙信息深度应符合表 F.3.6 的规定。

表 F.3.6 地下连续墙信息深度

属性信息		L2.0	L3.0	备注
标识信息	标识码	○	○	
	分类编码	△	▲	
位置信息	起点桩号	▲	▲	
	终点桩号	▲	▲	
尺寸信息	墙长	▲	▲	
	墙高	▲	▲	
	墙宽	▲	▲	
设计信息	混凝土强度等级及用量	△	▲	
	钢筋牌号及用量	△	▲	
	挖土方量	△	▲	
	承载力	○	△	
	其他要求	○	○	

注：表中"▲"表示"应包括的信息"，"△"表示"宜包括的信息"，"○"表示"可包括的信息"。

F.3.7 沉井基础信息深度应符合表 F.3.7 的规定。

表 F.3.7 沉井基础信息深度

属性信息		L2.0	L3.0	备注
标识信息	标识码	○	○	
	分类编码	△	▲	
位置信息	中心桩号	▲	▲	
	井顶高程	○	△	
	刃脚高程	○	△	
尺寸信息	井顶尺寸	▲	▲	如矩形（长、宽、厚）
	井底尺寸	▲	▲	如矩形（长、宽、厚）

续表 F.3.7

属性信息		L2.0	L3.0	备 注
设计信息	混凝土强度等级及用量	△	▲	
	钢筋牌号及用量	△	▲	
	钢材型号及用量	△	▲	
	挖土方量	△	▲	
	承载力	○	△	
	其他要求	○	○	

注：表中"▲"表示"应包括的信息"，"△"表示"宜包括的信息"，"○"表示"可包括的信息"。

F.3.8 沉箱基础信息深度应符合表 F.3.8 的规定。

表 F.3.8 沉箱基础信息深度

属性信息		L2.0	L3.0	备 注
标识信息	标识码	○	○	
	分类编码	△	▲	
位置信息	中心桩号	▲	▲	
	箱顶高程	○	△	
尺寸信息	箱顶尺寸	▲	▲	如矩形（长、宽、厚）
	箱底尺寸	▲	▲	如矩形（长、宽、厚）
设计信息	混凝土强度等级及用量	△	▲	
	钢筋牌号及用量	△	▲	
	钢材型号及用量	△	▲	
	挖土方量	△	▲	
	承载力	○	△	
	其他要求	○	○	

注：表中"▲"表示"应包括的信息"，"△"表示"宜包括的信息"，"○"表示"可包括的信息"。

F.4 桥台

F.4.1 桥台信息深度应符合表 F.4.1 的规定。

表 F.4.1 桥台信息深度

属性信息		L2.0	L3.0	备 注
标识信息	标识码	○	○	
	分类编码	△	▲	
位置信息	中心桩号	▲	▲	如 K5+200
尺寸信息	高度	▲	▲	

续表 F.4.1

属性信息		L2.0	L3.0	备注
设计信息	桥台类型	△	▲	如 U 形、八字形、埋置式等
	沉降缝要求	○	△	
	防水层要求	○	△	
	其他要求	○	○	

注：表中"▲"表示"应包括的信息"，"△"表示"宜包括的信息"，"○"表示"可包括的信息"。

F.4.2 台帽信息深度应符合表 F.4.2 的规定。

表 F.4.2 台帽信息深度

属性信息		L2.0	L3.0	备注
标识信息	标识码	○	○	
	分类编码	△	▲	
尺寸信息	长度	▲	▲	
	宽度	▲	▲	
	高度	▲	▲	
设计信息	混凝土强度等级及用量	△	▲	
	钢筋牌号及用量	△	▲	
	其他要求	○	○	

注：表中"▲"表示"应包括的信息"，"△"表示"宜包括的信息"，"○"表示"可包括的信息"。

F.4.3 台身信息深度应符合表 F.4.3 的规定。

表 F.4.3 台身信息深度

属性信息		L2.0	L3.0	备注
标识信息	标识码	○	○	
	分类编码	△	▲	
尺寸信息	台身高	▲	▲	
	台身长	▲	▲	
	台身顶宽	▲	▲	
	台身底宽	▲	▲	
	台背坡	△	▲	
设计信息	混凝土强度等级及用量	△	▲	
	钢筋牌号及用量	△	▲	
	其他要求	○	○	

注：表中"▲"表示"应包括的信息"，"△"表示"宜包括的信息"，"○"表示"可包括的信息"。

F.4.4 耳背墙信息深度应符合表 F.4.4 的规定。

表 F.4.4 耳背墙信息深度

属性信息		L2.0	L3.0	备 注
标识信息	标识码	○	○	
	分类编码	△	▲	
尺寸信息	墙长	▲	▲	
	墙顶宽	▲	▲	
	墙底宽	▲	▲	
	墙高	▲	▲	
设计信息	混凝土强度等级及用量	△	▲	
	钢筋牌号及用量	△	▲	
	其他要求	○	○	

注：表中"▲"表示"应包括的信息"，"△"表示"宜包括的信息"，"○"表示"可包括的信息"。

F.4.5 挡块信息深度应符合表 F.4.5 的规定。

表 F.4.5 挡块信息深度

属性信息		L2.0	L3.0	备 注
标识信息	标识码	○	○	
	分类编码	△	▲	
尺寸信息	长度	△	▲	
	宽度	△	▲	
	厚度	△	▲	
设计信息	混凝土强度等级及用量	△	▲	
	钢筋牌号及用量	△	▲	
	其他要求	○	○	

注：表中"▲"表示"应包括的信息"，"△"表示"宜包括的信息"，"○"表示"可包括的信息"。

F.4.6 支座垫石信息深度应符合表 F.4.6 的规定。

表 F.4.6 支座垫石信息深度

属性信息		L2.0	L3.0	备 注
标识信息	标识码	○	○	
	分类编码	△	▲	
尺寸信息	长度	△	▲	
	宽度	△	▲	
	厚度	△	▲	

续表 F.4.6

属性信息		L2.0	L3.0	备 注
设计信息	混凝土强度等级及用量	△	▲	
	钢筋牌号及用量	△	▲	
	其他要求	○	○	

注：表中"▲"表示"应包括的信息"，"△"表示"宜包括的信息"，"○"表示"可包括的信息"。

F.5 桥墩

F.5.1 桥墩信息深度应符合表 F.5.1 的规定。

表 F.5.1 桥墩信息深度

属性信息		L2.0	L3.0	备 注
标识信息	标识码	○	○	
	分类编码	△	▲	
位置信息	中心桩号	▲	▲	如 K5+230
尺寸信息	高度	▲	▲	
设计信息	桥墩类型	△	▲	如单柱墩、双柱墩、多柱墩、桁架式墩等
	截面类型	△	▲	如矩形、圆形、尖端形、圆端形等
	防撞形式	○	△	如桩支撑系统、人工岛系统、漂浮式保护系统、系缆桩保护系统、防护板系统
	受力特点	○	△	如刚性、柔性
	其他要求	○	○	

注：表中"▲"表示"应包括的信息"，"△"表示"宜包括的信息"，"○"表示"可包括的信息"。

F.5.2 盖梁信息深度应符合表 F.5.2 的规定。

表 F.5.2 盖梁信息深度

属性信息		L2.0	L3.0	备 注
标识信息	标识码	○	○	
	分类编码	△	▲	
位置信息	内侧顶面高程	○	△	
	外侧顶面高程	○	△	
尺寸信息	梁长	▲	▲	
	梁高	▲	▲	
	梁宽	▲	▲	
设计信息	混凝土强度等级及用量	△	▲	
	钢筋牌号及用量	△	▲	
	其他要求	○	○	

注：表中"▲"表示"应包括的信息"，"△"表示"宜包括的信息"，"○"表示"可包括的信息"。

F.5.3 墩柱信息深度应符合表 F.5.3 的规定。

表 F.5.3 墩柱信息深度

属性信息		L2.0	L3.0	备注
标识信息	标识码	○	○	
	分类编码	△	▲	
尺寸信息	墩高	▲	▲	
	截面尺寸	▲	▲	如圆形（半径、壁厚）
设计信息	混凝土强度等级及用量	△	▲	
	钢筋牌号及用量	△	▲	
	其他要求	○	○	

注：表中"▲"表示"应包括的信息"，"△"表示"宜包括的信息"，"○"表示"可包括的信息"。

F.5.4 系梁信息深度应符合表 F.5.4 的规定。

表 F.5.4 系梁信息深度

属性信息		L2.0	L3.0	备注
标识信息	标识码	○	○	
	分类编码	△	▲	
尺寸信息	梁长	▲	▲	
	梁高	▲	▲	
	梁宽	▲	▲	
设计信息	混凝土强度等级及用量	△	▲	
	钢筋牌号及用量	△	▲	
	其他要求	○	○	

注：表中"▲"表示"应包括的信息"，"△"表示"宜包括的信息"，"○"表示"可包括的信息"。

F.6 梁式桥

F.6.1 实心板梁信息深度应符合表 F.6.1 的规定。

表 F.6.1 实心板梁信息深度

属性信息		L2.0	L3.0	备注
标识信息	标识码	○	○	
	分类编码	△	▲	
尺寸信息	板长	▲	▲	
	板高	▲	▲	
	顶宽	▲	▲	
	底宽	▲	▲	
	悬臂宽	▲	▲	
	悬臂厚	▲	▲	

续表 F.6.1

	属性信息	L2.0	L3.0	备注
设计信息	混凝土强度等级及用量	△	▲	
	钢筋牌号及用量	△	▲	
	其他要求	○	○	

注：表中"▲"表示"应包括的信息"，"△"表示"宜包括的信息"，"○"表示"可包括的信息"。

F.6.2 空心板梁信息深度应符合表 F.6.2 的规定。

表 F.6.2 空心板梁信息深度

	属性信息	L2.0	L3.0	备注
标识信息	标识码	○	○	
	分类编码	△	▲	
尺寸信息	板长	▲	▲	
	板高	▲	▲	
	顶板宽	▲	▲	
	顶板厚	▲	▲	
	底板宽	▲	▲	
	底板厚	▲	▲	
	腹板厚	▲	▲	
	悬臂宽	▲	▲	
	悬臂厚	▲	▲	
设计信息	混凝土强度等级及用量	△	▲	
	钢筋牌号及用量	△	▲	
	其他要求	○	○	

注：表中"▲"表示"应包括的信息"，"△"表示"宜包括的信息"，"○"表示"可包括的信息"。

F.6.3 工字形梁信息深度应符合表 F.6.3 的规定。

表 F.6.3 工字形梁信息深度

	属性信息	L2.0	L3.0	备注
标识信息	标识码	○	○	
	分类编码	△	▲	
尺寸信息	梁长	▲	▲	
	梁高	▲	▲	
	上翼缘板宽	▲	▲	
	上翼缘板厚	▲	▲	
	下翼缘板宽	▲	▲	

续表 F.6.3

属性信息		L2.0	L3.0	备注
尺寸信息	下翼缘板厚	▲	▲	
	腹板厚	▲	▲	
	加劲肋截面尺寸	○	△	
	加劲肋间距	○	△	
设计信息	钢材型号及用量	△	▲	
	其他要求	○	○	

注：表中"▲"表示"应包括的信息"，"△"表示"宜包括的信息"，"○"表示"可包括的信息"。

F.6.4 混凝土T梁信息深度应符合表F.6.4的规定。

表 F.6.4 混凝土T梁信息深度

属性信息		L2.0	L3.0	备注
标识信息	标识码	○	○	
	分类编码	△	▲	
尺寸信息	梁长	▲	▲	
	梁高	▲	▲	
	翼缘板宽	▲	▲	
	翼缘厚	▲	▲	
	悬臂宽	▲	▲	
	腹板厚	▲	▲	
	马蹄宽	▲	▲	
	马蹄高	▲	▲	
	横隔板厚	▲	▲	
	横隔板间距	▲	▲	
设计信息	截面形式	△	▲	如I梁、Ⅱ梁、T梁等
	混凝土强度等级及用量	△	▲	
	钢筋牌号及用量	△	▲	
	其他要求	○	○	

注：表中"▲"表示"应包括的信息"，"△"表示"宜包括的信息"，"○"表示"可包括的信息"。

F.6.5 混凝土小箱梁信息深度应符合表F.6.5的规定。

表 F.6.5 混凝土小箱梁信息深度

属性信息		L2.0	L3.0	备注
标识信息	标识码	○	○	
	分类编码	△	▲	

续表 F.6.5

属性信息		L2.0	L3.0	备注
尺寸信息	梁长	▲	▲	
	梁高	▲	▲	
	顶板宽	▲	▲	
	顶板厚	▲	▲	
	悬臂宽	▲	▲	
	悬臂厚	▲	▲	
	腹板厚	▲	▲	
	底板宽	▲	▲	
	底板厚	▲	▲	
	横隔板厚	▲	▲	
	横隔板间距	▲	▲	
设计信息	混凝土强度等级及用量	△	▲	
	钢筋牌号及用量	△	▲	
	其他要求	○	○	

注：表中"▲"表示"应包括的信息"，"△"表示"宜包括的信息"，"○"表示"可包括的信息"。

F.6.6 混凝土箱梁信息深度应符合表 F.6.6 的规定。

表 F.6.6　混凝土箱梁信息深度

属性信息		L2.0	L3.0	备注
标识信息	标识码	○	○	
	分类编码	△	▲	
尺寸信息	梁长	▲	▲	
	梁高	▲	▲	
	顶板宽	▲	▲	
	顶板厚	▲	▲	
	悬臂宽	▲	▲	
	悬臂厚	▲	▲	
	腹板厚	▲	▲	
	底板宽	▲	▲	
	底板厚	▲	▲	
	横隔板厚	▲	▲	
	横隔板间距	▲	▲	

续表 F.6.6

属性信息		L2.0	L3.0	备注
设计信息	截面类型	△	▲	如单箱单室、单箱多室、多箱单室
	混凝土强度等级及用量	△	▲	
	钢筋牌号及用量	△	▲	
	其他要求	○	○	

注：表中"▲"表示"应包括的信息"，"△"表示"宜包括的信息"，"○"表示"可包括的信息"。

F.6.7 钢箱梁信息深度应符合表 F.6.7 的规定。

表 F.6.7 钢箱梁信息深度

属性信息		L2.0	L3.0	备注
标识信息	标识码	○	○	
	分类编码	△	▲	
尺寸信息	梁长	▲	▲	
	梁高	▲	▲	
	顶板宽	▲	▲	
	顶板厚	▲	▲	
	悬臂宽	▲	▲	
	悬臂厚	▲	▲	
	腹板厚	▲	▲	
	底板宽	▲	▲	
	底板厚	▲	▲	
	横隔板厚	▲	▲	
	横隔板间距	▲	▲	
	加劲肋截面尺寸	○	△	如 U 型肋（顶宽、底宽、肋高）
	加劲肋间距	○	△	
设计信息	钢材型号及用量	△	▲	
	其他要求	○	○	

注：表中"▲"表示"应包括的信息"，"△"表示"宜包括的信息"，"○"表示"可包括的信息"。

F.6.8 钢桁梁信息深度应符合表 F.6.8 的规定。

表 F.6.8 钢桁梁信息深度

属性信息		L2.0	L3.0	备注
标识信息	标识码	○	○	
	分类编码	△	▲	

续表 F.6.8

属性信息		L2.0	L3.0	备 注
尺寸信息	上弦杆长	▲	▲	
	上弦杆截面尺寸	▲	▲	如圆形（半径、壁厚）
	下弦杆长	▲	▲	
	下弦杆截面尺寸	▲	▲	如圆形（半径、壁厚）
	横杆截面尺寸	▲	▲	如圆形（半径、壁厚）
	横杆长	▲	▲	
	腹杆截面尺寸	▲	▲	如圆形（半径、壁厚）
	腹杆长	▲	▲	
	加劲肋截面尺寸	○	△	
	加劲肋间距	○	△	
	节点尺寸	○	△	
设计信息	腹杆布置形式	▲	▲	如芬克式、人字式、单斜杆式、再分式、交叉式、K形、菱形
	混凝土强度等级及用量	△	▲	
	钢筋牌号及用量	△	▲	
	钢材型号及用量	△	▲	
	其他要求	○	○	

注：表中"▲"表示"应包括的信息"，"△"表示"宜包括的信息"，"○"表示"可包括的信息"。

F.6.9 工字组合梁信息深度应符合表 F.6.9 的规定。

表 F.6.9 工字组合梁信息深度

属性信息		L2.0	L3.0	备 注
标识信息	标识码	○	○	
	分类编码	△	▲	
尺寸信息	梁长	▲	▲	
	梁高	▲	▲	
	混凝土桥面板宽	▲	▲	
	混凝土桥面板厚	▲	▲	
	钢梁上翼缘板宽	▲	▲	
	钢梁上翼缘板厚	▲	▲	
	钢梁腹板厚	▲	▲	
	钢梁下翼缘板宽	▲	▲	
	钢梁下翼缘板厚	▲	▲	
	横撑尺寸	▲	▲	

续表 F.6.9

属性信息		L2.0	L3.0	备注
尺寸信息	横撑间距	▲	▲	
	斜撑尺寸	▲	▲	
	斜撑间距	▲	▲	
	加劲肋截面尺寸	○	△	
	加劲肋间距	○	△	
设计信息	混凝土强度等级及用量	△	▲	
	钢筋牌号及用量	△	▲	
	钢材型号及用量	△	▲	
	剪力键规格及用量	△	▲	
	其他要求	○	○	

注：表中"▲"表示"应包括的信息","△"表示"宜包括的信息","○"表示"可包括的信息"。

F.6.10 钢箱组合梁信息深度应符合表 F.6.10 的规定。

表 F.6.10 钢箱组合梁信息深度

属性信息		L2.0	L3.0	备注
标识信息	标识码	○	○	
	分类编码	△	▲	
尺寸信息	梁长	▲	▲	
	梁高	▲	▲	
	混凝土桥面板宽	▲	▲	
	混凝土桥面板厚	▲	▲	
	钢箱顶板宽	▲	▲	
	钢箱顶板厚	▲	▲	
	钢箱腹板高	▲	▲	
	钢箱腹板厚	▲	▲	
	钢箱底板宽	▲	▲	
	钢箱底板厚	▲	▲	
	横隔板厚	▲	▲	
	横隔板间距	▲	▲	
	加劲肋截面尺寸	○	△	如 U 型肋（顶宽、底宽、肋高）
	加劲肋间距	○	△	
设计信息	混凝土强度等级及用量	△	▲	
	钢筋牌号及用量	△	▲	
	钢材型号及用量	△	▲	
	剪力键规格及用量	△	▲	
	其他要求	○	○	

注：表中"▲"表示"应包括的信息","△"表示"宜包括的信息","○"表示"可包括的信息"。

F.6.11 钢桁架组合梁信息深度应符合表 F.6.11 的规定。

表 F.6.11 钢桁架组合梁信息深度

属性信息		L2.0	L3.0	备 注
标识信息	标识码	○	○	
	分类编码	△	▲	
尺寸信息	梁长	▲	▲	
	梁高	▲	▲	
	混凝土桥面板宽	▲	▲	
	混凝土桥面板厚	▲	▲	
	上弦杆长	▲	▲	
	上弦杆截面尺寸	▲	▲	如圆形（半径、壁厚）
	下弦杆长	▲	▲	
	下弦杆截面尺寸	▲	▲	如圆形（半径、壁厚）
	横杆截面尺寸	▲	▲	如圆形（半径、壁厚）
	横杆长	▲	▲	
	腹杆截面尺寸	▲	▲	如圆形（半径、壁厚）
	腹杆长	▲	▲	
	加劲肋截面尺寸	○	△	如U型肋（顶宽、底宽、肋高）
	加劲肋间距	○	△	
设计信息	混凝土强度等级及用量	△	▲	
	钢筋牌号及用量	△	▲	
	钢材型号及用量	△	▲	
	剪力键规格及用量	△	▲	
	其他要求	○	○	

注：表中"▲"表示"应包括的信息"，"△"表示"宜包括的信息"，"○"表示"可包括的信息"。

F.6.12 波形钢腹板组合梁信息深度应符合表 F.6.12 的规定。

表 F.6.12 波形钢腹板组合梁信息深度

属性信息		L2.0	L3.0	备 注
标识信息	标识码	○	○	
	分类编码	△	▲	
尺寸信息	梁长	▲	▲	
	梁高	▲	▲	
	混凝土顶板宽	▲	▲	
	混凝土顶板厚	▲	▲	
	混凝土底板宽	▲	▲	

续表 F.6.12

属性信息		L2.0	L3.0	备注
尺寸信息	混凝土底板厚	▲	▲	
	波形钢腹板高	▲	▲	
	波形钢腹板厚	▲	▲	
	横隔板厚	▲	▲	
	横隔板间距	▲	▲	
设计信息	混凝土强度等级及用量	△	▲	
	钢筋牌号及用量	△	▲	
	钢材型号及用量	△	▲	
	剪力键规格及用量	△	▲	
	其他要求	○	○	

注：表中"▲"表示"应包括的信息"，"△"表示"宜包括的信息"，"○"表示"可包括的信息"。

F.6.13 桥面板信息深度应符合表 F.6.13 的规定。

表 F.6.13 桥面板信息深度

属性信息		L2.0	L3.0	备注
标识信息	标识码	○	○	
	分类编码	△	▲	
尺寸信息	板宽	▲	▲	
	板长	▲	▲	
	板厚	▲	▲	
设计信息	混凝土强度等级及用量	△	▲	
	钢筋牌号及用量	△	▲	
	钢材型号及用量	△	▲	
	其他要求	○	○	

注：表中"▲"表示"应包括的信息"，"△"表示"宜包括的信息"，"○"表示"可包括的信息"。

F.6.14 支座信息深度应符合表 F.6.14 的规定。

表 F.6.14 支座信息深度

属性信息		L2.0	L3.0	备注
标识信息	标识码	○	○	
	分类编码	△	▲	
位置信息	中心桩号	▲	▲	如 K5+200

续表 F.6.14

属性信息		L2.0	L3.0	备注
尺寸信息	主要尺寸	▲	▲	如矩形（长、宽）
设计信息	类型	▲	▲	如板式橡胶支座、盆式橡胶支座、球形钢支座等
	支座形式	△	▲	如固定支座、单向活动支座、多向活动支座
	规格型号	△	▲	
	其他要求	○	○	

注：表中"▲"表示"应包括的信息"，"△"表示"宜包括的信息"，"○"表示"可包括的信息"。

F.7 拱式桥

F.7.1 板拱信息深度应符合表 F.7.1 的规定。

表 F.7.1 板拱信息深度

属性信息		L2.0	L3.0	备注
标识信息	标识码	○	○	
	分类编码	△	▲	
位置信息	拱顶底面高程	△	▲	
	起拱线高程	△	▲	
尺寸信息	拱圈宽	▲	▲	
	拱圈高	▲	▲	
	矢高	▲	▲	
	跨径	▲	▲	
	矢跨比	▲	▲	
	拱板截面宽	▲	▲	
	拱板截面厚	▲	▲	
设计信息	混凝土强度等级及用量	△	▲	
	钢筋牌号及用量	△	▲	
	其他要求	○	○	

注：表中"▲"表示"应包括的信息"，"△"表示"宜包括的信息"，"○"表示"可包括的信息"。

F.7.2 肋拱信息深度应符合表 F.7.2 的规定。

表 F.7.2 肋拱信息深度

属性信息		L2.0	L3.0	备 注
标识信息	标识码	○	○	
	分类编码	△	▲	
位置信息	拱顶底面高程	△	▲	
	起拱线高程	△	▲	
尺寸信息	拱圈宽	▲	▲	
	拱圈高	▲	▲	
	矢高	▲	▲	
	跨径	▲	▲	
	矢跨比	▲	▲	
	拱肋截面宽	▲	▲	
	拱肋截面高	▲	▲	
	横系梁截面主要尺寸	▲	▲	如矩形（长、宽、壁厚）
	横系梁长	▲	▲	
设计信息	拱肋截面形式	△	▲	矩形、工字形、箱型
	混凝土强度等级及用量	△	▲	
	钢筋牌号及用量	△	▲	
	其他要求	○	○	

注：表中"▲"表示"应包括的信息","△"表示"宜包括的信息","○"表示"可包括的信息"。

F.7.3 箱拱信息深度应符合表 F.7.3 的规定。

表 F.7.3 箱拱信息深度

属性信息		L2.0	L3.0	备 注
标识信息	标识码	○	○	
	分类编码	△	▲	
位置信息	拱顶底面高程	△	▲	
	起拱线高程	△	▲	
尺寸信息	拱圈宽	▲	▲	
	拱圈高	▲	▲	
	矢高	▲	▲	
	跨径	▲	▲	
	矢跨比	▲	▲	
	顶板宽	▲	▲	
	顶板厚	▲	▲	
	底板宽	▲	▲	

续表 F.7.3

属性信息		L2.0	L3.0	备注
尺寸信息	底板厚	▲	▲	
	腹板高	▲	▲	
	腹板厚	▲	▲	
	横隔板高	△	▲	
	横隔板宽	△	▲	
	横隔板厚	△	▲	
	横隔板间距	△	▲	
	加劲肋截面尺寸	△	▲	如 U 型肋（顶宽、底宽、肋高）
	加劲肋间距	△	▲	
设计信息	截面类型	△	▲	如单箱单室、单箱多室
	加劲肋布置要求	△	▲	
	混凝土强度等级及用量	△	▲	
	钢筋牌号及用量	△	▲	
	钢材型号及用量	△	▲	
	其他要求	○	○	

注：表中"▲"表示"应包括的信息"，"△"表示"宜包括的信息"，"○"表示"可包括的信息"。

F.7.4 刚架拱信息深度应符合表 F.7.4 的规定。

表 F.7.4 刚架拱信息深度

属性信息		L2.0	L3.0	备注
标识信息	标识码	○	○	
	分类编码	△	▲	
位置信息	拱顶底面高程	△	▲	
	起拱线高程	△	▲	
尺寸信息	拱圈宽	▲	▲	
	拱圈高	▲	▲	
	矢高	▲	▲	
	跨径	▲	▲	
	矢跨比	▲	▲	
	主拱腿截面尺寸	▲	▲	如矩形（长、宽、壁厚）
	主拱腿长	▲	▲	
	次拱腿截面尺寸	▲	▲	如矩形（长、宽、壁厚）
	次拱腿长	▲	▲	
	横系梁截面尺寸	▲	▲	如矩形（长、宽、壁厚）

续表 F.7.4

属性信息		L2.0	L3.0	备注
尺寸信息	横系梁长	▲	▲	
	主梁截面尺寸	▲	▲	如矩形（长、宽、壁厚）
	主梁长	▲	▲	
	次梁截面尺寸	▲	▲	如矩形（长、宽、壁厚）
	次梁长	▲	▲	
设计信息	混凝土强度等级及用量	△	▲	
	钢筋牌号及用量	△	▲	
	钢材型号及用量	△	▲	
	其他要求	○	○	

注：表中"▲"表示"应包括的信息"，"△"表示"宜包括的信息"，"○"表示"可包括的信息"。

F.7.5 钢管拱信息深度应符合表 F.7.5 的规定。

表 F.7.5 钢管拱信息深度

属性信息		L2.0	L3.0	备注
标识信息	标识码	○	○	
	分类编码	△	▲	
位置信息	拱顶底面高程	△	▲	
	起拱线高程	△	▲	
尺寸信息	拱圈宽	▲	▲	
	拱圈高	▲	▲	
	矢高	▲	▲	
	跨径	▲	▲	
	矢跨比	▲	▲	
	钢管直径	▲	▲	
	钢管壁厚	▲	▲	
	拱肋截面尺寸	▲	▲	如矩形（长、宽）
	横撑截面尺寸	▲	▲	如矩形（长、宽）
	横撑长	▲	▲	
设计信息	拱肋截面形式	△	▲	圆形、哑铃型、四肢式
	混凝土强度等级及用量	△	▲	
	钢材型号及用量	△	▲	
	其他要求	○	○	

注：表中"▲"表示"应包括的信息"，"△"表示"宜包括的信息"，"○"表示"可包括的信息"。

F.7.6 桁架拱信息深度应符合表 F.7.6 的规定。

表 F.7.6　桁架拱信息深度

属性信息		L2.0	L3.0	备　注
标识信息	标识码	○	○	
	分类编码	△	▲	
位置信息	拱顶底面高程	△	▲	
	起拱线高程	△	▲	
尺寸信息	拱圈宽	▲	▲	
	拱圈高	▲	▲	
	矢高	▲	▲	
	跨径	▲	▲	
	矢跨比	▲	▲	
	上弦杆长	▲	▲	
	上弦杆截面尺寸	▲	▲	如圆形（半径、壁厚）
	下弦杆长	▲	▲	
	下弦杆截面尺寸	▲	▲	如圆形（半径、壁厚）
	腹杆长	▲	▲	
	腹杆截面尺寸	▲	▲	如圆形（半径、壁厚）
	剪刀撑截面尺寸	△	▲	如圆形（半径、壁厚）
设计信息	腹杆布置形式	△	▲	如芬克式、人字式、单斜杆式、再分式、交叉式、K形、菱形
	混凝土强度等级及用量	△	▲	混凝土强度等级及用量
	钢筋牌号及用量	△	▲	
	钢材型号及用量	△	▲	
	其他要求	○	○	

注：表中"▲"表示"应包括的信息"，"△"表示"宜包括的信息"，"○"表示"可包括的信息"。

F.7.7 横梁信息深度应符合表 F.7.7 的规定。

表 F.7.7　横梁信息深度

属性信息		L2.0	L3.0	备　注
标识信息	标识码	○	○	
	分类编码	△	▲	
尺寸信息	梁长	▲	▲	
	梁高	▲	▲	
	梁宽	▲	▲	
	壁厚	△	▲	

续表 F.7.7

属性信息		L2.0	L3.0	备 注
设计信息	混凝土强度等级及用量	△	▲	
	钢筋牌号及用量	△	▲	
	钢材型号及用量	△	▲	
	其他要求	○	○	

注：表中"▲"表示"应包括的信息"，"△"表示"宜包括的信息"，"○"表示"可包括的信息"。

F.7.8 纵梁信息深度应符合表F.7.8的规定。

表 F.7.8 纵梁信息深度

属性信息		L2.0	L3.0	备 注
标识信息	标识码	○	○	
	分类编码	△	▲	
尺寸信息	梁长	▲	▲	
	梁高	▲	▲	
	梁宽	▲	▲	
	壁厚	△	▲	
设计信息	混凝土强度等级及用量	△	▲	
	钢筋牌号及用量	△	▲	
	钢材型号及用量	△	▲	
	其他要求	○	○	

注：表中"▲"表示"应包括的信息"，"△"表示"宜包括的信息"，"○"表示"可包括的信息"。

F.7.9 立柱信息深度应符合表F.7.9的规定。

表 F.7.9 立柱信息深度

属性信息		L2.0	L3.0	备 注
标识信息	标识码	○	○	
	分类编码	△	▲	
位置信息	间距	▲	▲	
尺寸信息	柱高	▲	▲	
	截面尺寸	▲	▲	如矩形（长、宽、壁厚）
设计信息	混凝土强度等级及用量	△	▲	
	钢筋牌号及用量	△	▲	
	其他要求	○	○	

注：表中"▲"表示"应包括的信息"，"△"表示"宜包括的信息"，"○"表示"可包括的信息"。

F.7.10 吊杆信息深度应符合表 F.7.10 的规定。

表 F.7.10 吊杆信息深度

属性信息		L2.0	L3.0	备注
标识信息	标识码	○	○	
	分类编码	△	▲	
尺寸信息	间距	▲	▲	
	长度	▲	▲	
	直径	△	▲	
设计信息	规格及用量	△	▲	
	拉力	○	△	
	其他要求	○	○	

注：表中"▲"表示"应包括的信息"，"△"表示"宜包括的信息"，"○"表示"可包括的信息"。

F.7.11 系杆信息深度应符合表 F.7.11 的规定。

表 F.7.11 系杆信息深度

属性信息		L2.0	L3.0	备注
标识信息	标识码	○	○	
	分类编码	△	▲	
尺寸信息	长度	▲	▲	
	直径	△	▲	
设计信息	类型	△	▲	如钢丝、钢绞线
	规格及用量	△	▲	
	伸缩量	○	△	
	张拉应力	○	△	
	其他要求	○	○	

注：表中"▲"表示"应包括的信息"，"△"表示"宜包括的信息"，"○"表示"可包括的信息"。

F.7.12 拱脚信息深度应符合表 F.7.12 的规定。

表 F.7.12 拱脚信息深度

属性信息		L2.0	L3.0	备注
标识信息	标识码	○	○	
	分类编码	△	▲	
尺寸信息	高度	▲	▲	
	拱脚截面尺寸	▲	▲	如矩形（长、宽）
设计信息	混凝土强度等级及用量	△	▲	
	钢筋牌号及用量	△	▲	
	其他要求	○	○	

注：表中"▲"表示"应包括的信息"，"△"表示"宜包括的信息"，"○"表示"可包括的信息"。

F.8 斜拉桥

F.8.1 斜拉索信息深度应符合表 F.8.1 的规定。

表 F.8.1 斜拉索信息深度

属性组	属性名称	L2.0	L3.0	备注
标识信息	标识码	○	○	
	分类编码	△	▲	
尺寸信息	长度	▲	▲	
	直径	▲	▲	
设计信息	标准强度	▲	▲	
	类型	△	▲	如钢丝、钢绞线
	规格及用量	△	▲	
	其他要求	○	○	

注：表中"▲"表示"应包括的信息"，"△"表示"宜包括的信息"，"○"表示"可包括的信息"。

F.8.2 塔柱、塔柱段信息深度应符合表 F.8.2 的规定。

表 F.8.2 塔柱、塔柱段信息深度

属性组	属性名称	L2.0	L3.0	备注
标识信息	标识码	○	○	
	分类编码	△	▲	
位置信息	中心桩号	▲	▲	
尺寸信息	塔高	▲	▲	
	截面尺寸	▲	▲	如矩形（长、宽）
设计信息	混凝土强度等级及用量	△	▲	
	钢筋牌号及用量	△	▲	
	其他要求	○	○	

注：表中"▲"表示"应包括的信息"，"△"表示"宜包括的信息"，"○"表示"可包括的信息"。

F.8.3 桥塔系梁信息深度应符合表 F.8.3 的规定。

表 F.8.3 桥塔系梁信息深度

属性组	属性名称	L2.0	L3.0	备注
标识信息	标识码	○	○	
	分类编码	△	▲	
尺寸信息	梁长	▲	▲	
	截面尺寸	▲	▲	如矩形（长、宽）
	横隔板厚	△	▲	

续表 F.8.3

属性组	属性名称	L2.0	L3.0	备注
设计信息	混凝土强度等级及用量	△	▲	
	钢筋牌号及用量	△	▲	
	其他要求	○	○	

注：表中"▲"表示"应包括的信息"，"△"表示"宜包括的信息"，"○"表示"可包括的信息"。

F.8.4 钢锚箱信息深度应符合表 F.8.4 的规定。

表 F.8.4 钢锚箱信息深度

属性组	属性名称	L2.0	L3.0	备注
标识信息	标识码	○	○	
	分类编码	△	▲	
尺寸信息	主要尺寸	△	▲	
设计信息	拉力	○	△	
	抗拔系数	○	△	
	钢用量	○	△	
	其他要求	○	○	

注：表中"▲"表示"应包括的信息"，"△"表示"宜包括的信息"，"○"表示"可包括的信息"。

F.8.5 钢锚梁信息深度应符合表 F.8.5 的规定。

表 F.8.5 钢锚梁信息深度

属性组	属性名称	L2.0	L3.0	备注
标识信息	标识码	○	○	
	分类编码	△	▲	
尺寸信息	主要尺寸	△	▲	
设计信息	拉力	○	△	
	抗拔系数	○	△	
	钢用量	○	△	
	其他要求	○	○	

注：表中"▲"表示"应包括的信息"，"△"表示"宜包括的信息"，"○"表示"可包括的信息"。

F.9 悬索桥

F.9.1 主缆信息深度应符合表 F.9.1 的规定。

表 F.9.1 主缆信息深度

属性组	属性名称	L2.0	L3.0	备注
标识信息	标识码	○	○	
	分类编码	△	▲	
尺寸信息	缆长	▲	▲	
	截面半径	▲	▲	
	弯曲半径	△	▲	
设计信息	钢用量	△	▲	
	股数	△	▲	
	主缆拉力	○	△	
	弹性模量	○	△	
	抗拉强度	○	△	
	其他要求	○	○	

注：表中"▲"表示"应包括的信息"，"△"表示"宜包括的信息"，"○"表示"可包括的信息"。

F.9.2 吊索信息深度应符合表 F.9.2 的规定。

表 F.9.2 吊索信息深度

属性组	属性名称	L2.0	L3.0	备注
标识信息	标识码	○	○	
	分类编码	△	▲	
尺寸信息	间距	▲	▲	
	长度	△	▲	
	直径	○	△	
设计信息	类型	△	▲	如钢丝、钢绞线、钢管
	规格及用量	△	▲	
	张拉应力	○	△	
	其他要求	○	○	

注：表中"▲"表示"应包括的信息"，"△"表示"宜包括的信息"，"○"表示"可包括的信息"。

F.9.3 索夹信息深度应符合表 F.9.3 的规定。

表 F.9.3 索夹信息深度

属性组	属性名称	L2.0	L3.0	备注
标识信息	标识码	○	○	
	分类编码	△	▲	

续表 F.9.3

属性组	属性名称	L2.0	L3.0	备注
尺寸信息	直径	△	▲	
设计信息	类型	△	▲	如骑跨式索夹、销接式索夹、锥形封闭索
	钢材型号及用量	△	▲	
	接触应力	○	△	
	其他要求	○	○	

注：表中"▲"表示"应包括的信息"，"△"表示"宜包括的信息"，"○"表示"可包括的信息"。

F.9.4 索鞍信息深度应符合表 F.9.4 的规定。

表 F.9.4 索鞍信息深度

属性组	属性名称	L2.0	L3.0	备注
标识信息	标识码	○	○	
	分类编码	△	▲	
尺寸信息	主要尺寸	△	▲	如矩形（长、宽）
设计信息	类型	△	▲	如主索鞍（整体式主索鞍、分体式主索鞍）、散索鞍（摆轴式散索鞍、滚轴式散索鞍、滑动式散索鞍）
	钢材型号及用量	△	▲	
	接触应力	○	△	
	其他要求	○	○	

注：表中"▲"表示"应包括的信息"，"△"表示"宜包括的信息"，"○"表示"可包括的信息"。

F.9.5 锚碇信息深度应符合表 F.9.5 的规定。

表 F.9.5 锚碇信息深度

属性组	属性名称	L2.0	L3.0	备注
标识信息	标识码	○	○	
	分类编码	△	▲	
位置信息	中心桩号	▲	▲	
尺寸信息	主要尺寸	△	▲	
设计信息	锚碇类型	△	▲	如自锚式、地锚式
	混凝土强度等级及用量	△	▲	
	钢筋牌号及用量	△	▲	
	抗滑系数	○	△	
	抗拔系数	○	△	
	其他要求	○	○	

注：表中"▲"表示"应包括的信息"，"△"表示"宜包括的信息"，"○"表示"可包括的信息"。

F.9.6 锚碇锚固体系信息深度应符合表 F.9.6 的规定。

表 F.9.6 锚碇锚固体系信息深度

属性组	属性名称	L2.0	L3.0	备注
标识信息	标识码	○	○	
	分类编码	△	▲	
尺寸信息	锚杆、锚梁主要尺寸	△	▲	
设计信息	钢材型号及用量	△	▲	
	其他要求	○	○	

注：表中"▲"表示"应包括的信息"，"△"表示"宜包括的信息"，"○"表示"可包括的信息"。

F.10 桥面系和附属工程

F.10.1 桥面铺装信息深度应符合表 F.10.1 的规定。

表 F.10.1 桥面铺装信息深度

	属性信息	L2.0	L3.0	备注
标识信息	标识码	○	○	
	分类编码	△	▲	
尺寸信息	宽度	△	▲	
	厚度	△	▲	
设计信息	铺装厚度、材料及用量	△	▲	
	防水材料及用量	△	▲	
	整体化层或调平层混凝土强度等级及用量	△	▲	
	整体化层钢筋牌号及用量	△	▲	
	其他要求	○	○	

注：表中"▲"表示"应包括的信息"，"△"表示"宜包括的信息"，"○"表示"可包括的信息"。

条文说明

防水层可以不建模，只给出要求和用量。

铺装层与整体化层（或调平层）分别建模，表示厚度。

F.10.2 阻尼器信息深度应符合表 F.10.2 的规定。

表 F.10.2 阻尼器信息深度

	属性信息	L2.0	L3.0	备注
标识信息	标识码	○	○	
	分类编码	△	▲	

续表 F.10.2

属性信息		L2.0	L3.0	备 注
位置信息	桩号	△	▲	
设计信息	规格型号	△	△	
	阻尼系数	○	△	
	设计最大阻尼力	○	△	
	容许位移	○	△	
	其他要求	○	○	

注：表中"▲"表示"应包括的信息"，"△"表示"宜包括的信息"，"○"表示"可包括的信息"。

F.10.3 人行道板信息深度应符合表 F.10.3 的规定。

表 F.10.3 人行道板信息深度

属性信息		L2.0	L3.0	备 注
标识信息	标识码	○	○	
	分类编码	△	▲	
尺寸信息	长度	△	▲	
	宽度	△	▲	
	厚度	△	▲	
设计信息	混凝土强度等级及用量	△	▲	
	钢筋牌号及用量	△	▲	
	其他要求	○	○	

注：表中"▲"表示"应包括的信息"，"△"表示"宜包括的信息"，"○"表示"可包括的信息"。

F.10.4 搭板信息深度应符合表 F.10.4 的规定。

表 F.10.4 搭板信息深度

属性信息		L2.0	L3.0	备 注
标识信息	标识码	○	○	
	分类编码	△	▲	
尺寸信息	长度	△	▲	
	宽度	△	▲	
	厚度	△	▲	
设计信息	混凝土强度等级及用量	△	▲	
	钢筋牌号及用量	△	▲	
	其他要求	○	○	

注：表中"▲"表示"应包括的信息"，"△"表示"宜包括的信息"，"○"表示"可包括的信息"。

F.10.5 牛腿信息深度应符合表 F.10.5 的规定。

表 F.10.5 牛腿信息深度

属性信息		L2.0	L3.0	备注
标识信息	标识码	○	○	
	分类编码	△	▲	
尺寸信息	截面尺寸	△	▲	如矩形（长、宽）
	高度	△	▲	
设计信息	混凝土强度等级及用量	△	▲	
	钢筋牌号及用量	△	▲	
	其他要求	○	○	

注：表中"▲"表示"应包括的信息"，"△"表示"宜包括的信息"，"○"表示"可包括的信息"。

F.10.6 锥坡信息深度应符合表 F.10.6 的规定。

表 F.10.6 锥坡信息深度

属性信息		L2.0	L3.0	备注
标识信息	标识码	○	○	
	分类编码	△	▲	
尺寸信息	高度	△	▲	
	坡比	○	○	
	护坡厚度	○	○	
设计信息	片（块）石强度等级及用量	△	▲	
	混凝土强度等级及用量	△	▲	
	填土方量	△	△	
	其他要求	○	○	

注：表中"▲"表示"应包括的信息"，"△"表示"宜包括的信息"，"○"表示"可包括的信息"。

F.10.7 伸缩装置信息深度应符合表 F.10.7 的规定。

表 F.10.7 伸缩装置信息深度

属性信息		L2.0	L3.0	备注
标识信息	标识码	○	○	
	分类编码	△	▲	
位置信息	桩号	△	▲	
尺寸信息	预留间隙	○	△	

续表 F.10.7

属性信息		L2.0	L3.0	备注
设计信息	类型	○	△	如锌铁皮 U 形伸缩装置、钢板伸缩装置、橡胶伸缩装置、无缝式伸缩装置等
	伸缩量	○	△	
	规格型号	○	△	
	其他要求	○	○	

注：表中"▲"表示"应包括的信息"，"△"表示"宜包括的信息"，"○"表示"可包括的信息"。

F.10.8 防撞墙信息深度应符合表 F.10.8 的规定。

表 F.10.8 防撞墙信息深度

属性信息		L2.0	L3.0	备注
标识信息	标识码	○	○	
	分类编码	△	▲	
位置信息	桩号	△	▲	
尺寸信息	长度	△	▲	
	顶宽	△	▲	
	底宽	△	▲	
	高度	△	▲	
设计信息	混凝土强度等级及用量	△	▲	
	钢筋牌号及用量	△	▲	
	其他要求	○	○	

注：表中"▲"表示"应包括的信息"，"△"表示"宜包括的信息"，"○"表示"可包括的信息"。

F.10.9 防落梁装置信息深度应符合表 F.10.9 的规定。

表 F.10.9 防落梁装置信息深度

属性信息		L2.0	L3.0	备注
标识信息	标识码	○	○	
	分类编码	△	▲	
位置信息	桩号	△	▲	
设计信息	拉力	○	△	
	其他要求	○	○	

注：表中"▲"表示"应包括的信息"，"△"表示"宜包括的信息"，"○"表示"可包括的信息"。

附录 G 涵洞

G.1 涵洞

G.1.1 涵洞信息深度应符合表 G.1.1 的规定。

表 G.1.1 涵洞信息深度

属性信息		L2.0	L3.0	备注
标识信息	标识码	○	○	
	分类编码	△	▲	
位置信息	中心桩号	▲	▲	
尺寸信息	涵长	▲	▲	
	孔数及孔径	▲	▲	如 1-2.5×2.5（盖板涵）
	交角	▲	▲	
设计信息	涵洞类型	▲	▲	如圆管涵、箱涵、拱涵、盖板涵、波纹管涵
	功能类型	▲	▲	如通道、灌溉、排水、管线交叉
	荷载等级	▲	▲	如公路—Ⅰ、公路—Ⅱ
	安全等级	▲	▲	如一级、二级、三级
	抗震烈度等级	△	▲	如 6、7、8、9 等
	设计洪水频率	△	▲	如 1/100、1/50 等
	设计流量	△	▲	
	其他要求	○	○	

注：表中"▲"表示"应包括的信息"，"△"表示"宜包括的信息"，"○"表示"可包括的信息"。

G.2 洞口

G.2.1 洞口信息深度应符合表 G.2.1 的规定。

表 G.2.1 洞口信息深度

属性信息		L2.0	L3.0	备注
标识信息	标识码	○	○	
	分类编码	△	▲	

续表 G.2.1

属性信息		L2.0	L3.0	备 注
位置信息	位置	▲	▲	如进口、出口
	进、出口高程	△	▲	
尺寸信息	进、出口纵坡	△	▲	
设计信息	洞口类型	▲	▲	如八字式、一字式、平头式、走廊式和跌水井式
	沉降缝要求	○	△	
	防水层要求	○	△	
	其他要求	○	○	

注：表中"▲"表示"应包括的信息"，"△"表示"宜包括的信息"，"○"表示"可包括的信息"。

G.2.2 翼墙信息深度应符合表 G.2.2 的规定。

表 G.2.2 翼墙信息深度

属性信息		L2.0	L3.0	备 注
标识信息	标识码	○	○	
	分类编码	△	▲	
尺寸信息	墙长	▲	▲	
	墙高	▲	▲	
	顶宽	▲	▲	
	底宽	▲	▲	
	张角	▲	▲	
	墙面坡率	△	▲	
	墙背坡率	△	▲	
设计信息	片（块）石强度等级及用量	△	▲	
	混凝土强度等级及用量	△	▲	
	钢筋牌号及用量	△	▲	
	其他要求	○	○	

注：表中"▲"表示"应包括的信息"，"△"表示"宜包括的信息"，"○"表示"可包括的信息"。

G.2.3 端墙信息深度应符合表 G.2.3 的规定。

表 G.2.3 端墙信息深度

属性信息		L2.0	L3.0	备 注
标识信息	标识码	○	○	
	分类编码	△	▲	

续表 G.2.3

属性信息		L2.0	L3.0	备注
尺寸信息	墙长	▲	▲	
	墙高	▲	▲	
	顶宽	▲	▲	
	底宽	▲	▲	
	墙面坡率	△	▲	
	墙背坡率	△	▲	
设计信息	片（块）石强度等级及用量	△	▲	
	混凝土强度等级及用量	△	▲	
	钢筋牌号及用量	△	▲	
	其他要求	○	○	

注：表中"▲"表示"应包括的信息"，"△"表示"宜包括的信息"，"○"表示"可包括的信息"。

G.2.4 倒虹吸竖井信息深度应符合表 G.2.4 的规定。

表 G.2.4 倒虹吸竖井信息深度

属性信息		L2.0	L3.0	备注
标识信息	标识码	○	○	
	分类编码	△	▲	
尺寸信息	主要尺寸	▲	▲	如矩形（长、宽）
	井深	▲	▲	
	壁厚	△	▲	
	底板厚	△	▲	
	盖板尺寸	△	▲	如矩形（长、宽、厚）
	盖板厚度			
设计信息	片（块）石强度等级及用量	△	▲	
	混凝土强度等级及用量	△	▲	
	钢筋牌号及用量	△	▲	
	地基承载力	○	△	
	其他要求	○	○	

注：表中"▲"表示"应包括的信息"，"△"表示"宜包括的信息"，"○"表示"可包括的信息"。

G.2.5 截水墙信息深度应符合表 G.2.5 的规定。

表 G.2.5 截水墙信息深度

属性信息		L2.0	L3.0	备注
标识信息	标识码	○	○	
	分类编码	△	▲	
尺寸信息	墙长	△	▲	
	墙高	△	▲	
	墙宽	△	▲	
设计信息	片（块）石强度等级及用量	△	▲	
	混凝土强度等级及用量	△	▲	
	其他要求	○	○	

注：表中"▲"表示"应包括的信息"，"△"表示"宜包括的信息"，"○"表示"可包括的信息"。

G.2.6 帽石信息深度应符合表 G.2.6 的规定。

表 G.2.6 帽石信息深度

属性信息		L2.0	L3.0	备注
标识信息	标识码	○	○	
	分类编码	△	▲	
尺寸信息	长度	○	△	
	高度	○	△	
	宽度	○	△	
设计信息	片（块）石强度等级及用量	△	▲	
	混凝土强度等级及用量	△	▲	
	帽石形式	○	△	如分离式、整体式
	其他要求	○	○	

注：表中"▲"表示"应包括的信息"，"△"表示"宜包括的信息"，"○"表示"可包括的信息"。

G.2.7 铺砌信息深度应符合表 G.2.7 的规定。

表 G.2.7 铺砌信息深度

属性信息		L2.0	L3.0	备注
标识信息	标识码	○	○	
	分类编码	△	▲	
尺寸信息	厚度	△	▲	
设计信息	片（块）石强度等级及用量	△	▲	
	混凝土强度等级及用量	△	▲	
	钢筋牌号及用量	△	▲	
	其他要求	○	○	

注：表中"▲"表示"应包括的信息"，"△"表示"宜包括的信息"，"○"表示"可包括的信息"。

G.3 洞身

G.3.1 洞身信息深度应符合表 G.3.1 的规定。

表 G.3.1 洞身信息深度

属性信息		L2.0	L3.0	备注
标识信息	标识码	○	○	
	分类编码	△	▲	
尺寸信息	洞身净高	▲	▲	
	填土高度	△	▲	
设计信息	沉降缝要求	○	△	
	防腐层要求	○	△	
	防水层要求	○	△	
	其他要求	○	○	

注：表中"▲"表示"应包括的信息"，"△"表示"宜包括的信息"，"○"表示"可包括的信息"。

G.3.2 混凝土管节信息深度应符合表 G.3.2 的规定。

表 G.3.2 混凝土管节信息深度

属性信息		L2.0	L3.0	备注
标识信息	标识码	○	○	
	分类编码	△	▲	
尺寸信息	管长	▲	▲	
	外径	▲	▲	
	壁厚	△	▲	
设计信息	混凝土强度等级及用量	△	▲	
	钢筋牌号及用量	△	▲	
	其他要求	○	○	

注：表中"▲"表示"应包括的信息"，"△"表示"宜包括的信息"，"○"表示"可包括的信息"。

G.3.3 管座信息深度应符合表 G.3.3 的规定。

表 G.3.3 管座信息深度

属性信息		L2.0	L3.0	备注
标识信息	标识码	○	○	
	分类编码	△	▲	
尺寸信息	管座长	▲	▲	
	管座肩宽	▲	▲	
	管座肩高	▲	▲	

续表 G.3.3

属性信息		L2.0	L3.0	备注
设计信息	混凝土强度等级及用量	△	▲	
	钢筋牌号及用量	△	▲	
	其他要求	○	○	

注：表中"▲"表示"应包括的信息"，"△"表示"宜包括的信息"，"○"表示"可包括的信息"。

G.3.4 箱节（箱涵）信息深度应符合表 G.3.4 的规定。

表 G.3.4 箱节（箱涵）信息深度

属性信息		L2.0	L3.0	备注
标识信息	标识码	○	○	
	分类编码	△	▲	
尺寸信息	箱节长	▲	▲	
	顶板宽	▲	▲	
	顶板厚	▲	▲	
	侧墙厚	▲	▲	
设计信息	混凝土强度等级及用量	△	▲	
	钢筋牌号及用量	△	▲	
	其他要求	○	○	

注：表中"▲"表示"应包括的信息"，"△"表示"宜包括的信息"，"○"表示"可包括的信息"。

G.3.5 拱圈信息深度应符合表 G.3.5 的规定。

表 G.3.5 拱圈信息深度

属性信息		L2.0	L3.0	备注
标识信息	标识码	○	○	
	分类编码	△	▲	
尺寸信息	外径	▲	▲	
	厚度	▲	▲	
	长度	▲	▲	
	矢高	▲	▲	
	跨度	▲	▲	
设计信息	片（块）石强度等级及用量	△	▲	
	混凝土强度等级及用量	△	▲	
	钢筋牌号及用量	△	▲	
	拱圈类型	△	▲	如标准拱圈、轻型拱圈
	其他要求	○	○	

注：表中"▲"表示"应包括的信息"，"△"表示"宜包括的信息"，"○"表示"可包括的信息"。

G.3.6 涵台（拱涵、盖板涵）信息深度应符合表 G.3.6 的规定。

表 G.3.6 涵台（拱涵、盖板涵）信息深度

属性信息		L2.0	L3.0	备注
标识信息	标识码	○	○	
	分类编码	△	▲	
尺寸信息	涵台长	▲	▲	
	涵台高	▲	▲	
	涵台顶宽	▲	▲	
	涵台底宽	▲	▲	
	台背坡率	△	▲	
	搁置长度	△	▲	
设计信息	片（块）石强度等级及用量	△	▲	
	混凝土强度等级及用量	△	▲	
	钢筋牌号及用量	△	▲	
	其他要求	○	○	

注：表中"▲"表示"应包括的信息"，"△"表示"宜包括的信息"，"○"表示"可包括的信息"。

G.3.7 盖板信息深度应符合表 G.3.7 的规定。

表 G.3.7 盖板信息深度

属性信息		L2.0	L3.0	备注
标识信息	标识码	○	○	
	分类编码	△	▲	
尺寸信息	板长	▲	▲	
	板宽	▲	▲	
	支点厚度	▲	▲	
	跨中厚度	▲	▲	
设计信息	混凝土强度等级及用量	▲	▲	
	钢筋牌号及用量	△	▲	
	其他要求	○	○	

注：表中"▲"表示"应包括的信息"，"△"表示"宜包括的信息"，"○"表示"可包括的信息"。

G.3.8 波形钢管节信息深度应符合表 G.3.8 的规定。

表 G.3.8 波形钢管节信息深度

属性信息		L2.0	L3.0	备注
标识信息	标识码	○	○	
	分类编码	△	▲	

续表 G.3.8

属性信息		L2.0	L3.0	备注
尺寸信息	管长	▲	▲	
	外径	▲	▲	
	壁厚	○	△	
设计信息	其他要求	○	○	

注：表中"▲"表示"应包括的信息"，"△"表示"宜包括的信息"，"○"表示"可包括的信息"。

G.3.9 垫层信息深度应符合表 G.3.9 的规定。

表 G.3.9 垫层信息深度

属性信息		L2.0	L3.0	备注
标识信息	标识码	○	○	
	分类编码	△	▲	
尺寸信息	长度	△	▲	
	宽度	△	▲	
	厚度	△	▲	
设计信息	材料及用量	△	▲	
	其他要求	○	○	

注：表中"▲"表示"应包括的信息"，"△"表示"宜包括的信息"，"○"表示"可包括的信息"。

附录 H 隧道

H.1 隧道

H.1.1 隧道信息深度应符合表 H.1.1 的规定。

表 H.1.1 隧道信息深度

属性信息		L2.0	L3.0	备注
标识信息	标识码	○	○	
	分类编码	△	▲	
	隧道名称	△	▲	
位置信息	起点桩号	▲	▲	如 K5+200
	终点桩号	▲	▲	如 K8+350
尺寸信息	隧道长度	▲	▲	
	隧道纵坡	▲	▲	
	标准断面建筑限界尺寸	▲	▲	
	标准断面内轮廓尺寸	▲	▲	
	标准断面净空面积	▲	▲	
	紧急停车带断面建筑限界尺寸	△	▲	
	紧急停车带断面内轮廓尺寸	△	▲	
	紧急停车带断面净空面积	△	▲	
设计信息	隧道规模	▲	▲	如特长隧道、长隧道、中隧道、短隧道
	断面形式	▲	▲	如三心圆（R1、R2、R3）
	布置形式	▲	▲	如双向行车单洞隧道、单向行车双洞分离式隧道、小净距隧道等
	荷载等级	▲	▲	如公路—Ⅰ、公路—Ⅱ
	安全等级	▲	▲	如一级、二级、三级
	地质类型	△	▲	如土质隧道、石质隧道
	隧道路面横坡类型	△	▲	如单向坡、双向人字坡
	设计洪水频率	△	▲	如 1/300、1/100、1/50、1/25
	设计基准期	△	▲	如 100、50、25
	抗震烈度等级	△	▲	如 6、7、8、9 等

续表 H.1.1

属性信息		L2.0	L3.0	备注
设计信息	防水等级	△	▲	如一级、二级、三级、四级
	进洞方式	△	▲	如贴壁进洞法、套拱加短管棚进洞法、套拱加长管棚进洞法、地表锚杆预加固进洞法、回填暗挖进洞法、半明半暗进洞法、斜交进洞法
	其他要求	○	○	

注：表中"▲"表示"应包括的信息"，"△"表示"宜包括的信息"，"○"表示"可包括的信息"。

H.2 洞口

H.2.1 洞口信息深度应符合表 H.2.1 的规定。

表 H.2.1 洞口信息深度

属性信息		L2.0	L3.0	备注
标识信息	标识码	○	○	
	分类编码	△	▲	
位置信息	起点桩号	▲	▲	如 K5+200
	终点桩号	▲	▲	如 K5+220
设计信息	洞口类型	△	▲	如翼墙式正交洞口、翼墙式斜交洞口、无翼墙正交洞口等
	挖土方量	△	▲	
	挖石方量	△	▲	
	装饰手法要求	○	△	
	装饰涂层要求	○	△	
	其他要求	○	○	

注：表中"▲"表示"应包括的信息"，"△"表示"宜包括的信息"，"○"表示"可包括的信息"。

H.2.2 端墙信息深度应符合表 H.2.2 的规定。

表 H.2.2 端墙信息深度

属性信息		L2.0	L3.0	备注
标识信息	标识码	○	○	
	分类编码	△	▲	
尺寸信息	墙长	▲	▲	
	墙高	▲	▲	
	顶宽	▲	▲	

续表 H.2.2

属性信息		L2.0	L3.0	备注
尺寸信息	底宽	▲	▲	
	墙面坡率	△	▲	
	墙背坡率	△	▲	
设计信息	片（块）石强度等级及用量	△	▲	
	混凝土强度等级及用量	△	▲	
	钢筋牌号及用量	△	▲	
	沉降缝、伸缩缝要求	○	△	
	墙底地基承载力	○	△	
	其他要求	○	○	

注：表中"▲"表示"应包括的信息"，"△"表示"宜包括的信息"，"○"表示"可包括的信息"。

H.2.3 顶帽信息深度应符合表 H.2.3 的规定。

表 H.2.3 顶帽信息深度

属性信息		L2.0	L3.0	备注
标识信息	标识码	○	○	
	分类编码	△	▲	
尺寸信息	宽度	○	△	
	高度	○	△	
	厚度	○	△	
设计信息	混凝土强度等级及用量	△	▲	
	钢筋牌号及用量	△	▲	
	其他要求	○	○	

注：表中"▲"表示"应包括的信息"，"△"表示"宜包括的信息"，"○"表示"可包括的信息"。

H.2.4 环框信息深度应符合表 H.2.4 的规定。

表 H.2.4 环框信息深度

属性信息		L2.0	L3.0	备注
标识信息	标识码	○	○	
	分类编码	△	▲	
位置信息	起点桩号	▲	▲	
	终点桩号	▲	▲	
尺寸信息	厚度	▲	▲	

续表 H.2.4

属性信息		L2.0	L3.0	备注
设计信息	混凝土强度等级及用量	△	▲	
	钢筋牌号及用量	△	▲	
	沉降缝、伸缩缝要求	○	△	
	地基承载力	○	△	
	其他要求	○	○	

注：表中"▲"表示"应包括的信息"，"△"表示"宜包括的信息"，"○"表示"可包括的信息"。

H.2.5 明洞信息深度应符合表 H.2.5 的规定。

表 H.2.5 明洞信息深度

属性信息		L2.0	L3.0	备注
标识信息	标识码	○	○	
	分类编码	△	▲	
位置信息	起点桩号	▲	▲	
	终点桩号	▲	▲	
设计信息	沉降缝、伸缩缝要求	○	△	
	地基处置要求	○	△	
	地基承载力	○	△	
	其他要求	○	○	

注：表中"▲"表示"应包括的信息"，"△"表示"宜包括的信息"，"○"表示"可包括的信息"。

H.2.6 拱墙信息深度应符合表 H.2.6 的规定。

表 H.2.6 拱墙信息深度

属性信息		L2.0	L3.0	备注
标识信息	标识码	○	○	
	分类编码	△	▲	
位置信息	起点桩号	▲	▲	
	终点桩号	▲	▲	
尺寸信息	长度	▲	▲	
	厚度	▲	▲	
设计信息	混凝土抗渗等级	△	▲	
	混凝土强度等级及用量	△	▲	
	钢筋牌号及用量	△	▲	
	其他要求	○	○	

注：表中"▲"表示"应包括的信息"，"△"表示"宜包括的信息"，"○"表示"可包括的信息"。

H.2.7 仰拱信息深度应符合表 H.2.7 的规定。

表 H.2.7　仰拱信息深度

属性信息		L2.0	L3.0	备　注
标识信息	标识码	○	○	
	分类编码	△	▲	
位置信息	起点桩号	▲	▲	
	终点桩号	▲	▲	
尺寸信息	长度	▲	▲	
	厚度	▲	▲	
设计信息	混凝土强度等级及用量	△	▲	
	钢筋牌号及用量	△	▲	
	其他要求	○	○	

注：表中"▲"表示"应包括的信息"，"△"表示"宜包括的信息"，"○"表示"可包括的信息"。

H.2.8 仰拱回填信息深度应符合表 H.2.8 的规定。

表 H.2.8　仰拱回填信息深度

属性信息		L2.0	L3.0	备　注
标识信息	标识码	○	○	
	分类编码	△	▲	
位置信息	起点桩号	▲	▲	
	终点桩号	▲	▲	
尺寸信息	长度	▲	▲	
	厚度	▲	▲	
设计信息	混凝土强度等级及用量	△	▲	
	其他要求	○	○	

注：表中"▲"表示"应包括的信息"，"△"表示"宜包括的信息"，"○"表示"可包括的信息"。

H.2.9 明洞回填信息深度应符合表 H.2.9 的规定。

表 H.2.9　明洞回填信息深度

属性信息		L2.0	L3.0	备　注
标识信息	标识码	○	○	
	分类编码	△	▲	
位置信息	起点桩号	▲	▲	
	终点桩号	▲	▲	
尺寸信息	长度	△	▲	
	厚度	△	▲	

续表 H.2.9

	属性信息	L2.0	L3.0	备注
设计信息	回填土方量	△	▲	
	其他要求	○	○	

注：表中"▲"表示"应包括的信息"，"△"表示"宜包括的信息"，"○"表示"可包括的信息"。

H.3 洞身、辅助通道

H.3.1 洞身信息深度应符合表 H.3.1 的规定。

表 H.3.1 洞身信息深度

	属性信息	L2.0	L3.0	备注
标识信息	标识码	○	○	
	分类编码	△	▲	
位置信息	起点桩号	▲	▲	如 K5+220
	终点桩号	▲	▲	如 K5+270
设计信息	围岩等级	▲	▲	如Ⅰ级、Ⅱ级、Ⅲ级、Ⅳ级、Ⅴ级、Ⅵ级
	衬砌类型	▲	▲	
	挖方量	△	▲	
	防火涂料要求及用量	○	△	
	反光漆要求及用量	○	△	
	保温板要求及用量	○	△	
	防水板要求及用量	○	△	
	沉降缝、伸缩缝要求	○	△	
	其他要求	○	○	

注：表中"▲"表示"应包括的信息"，"△"表示"宜包括的信息"，"○"表示"可包括的信息"。

H.3.2 辅助通道信息深度应符合表 H.3.2 的规定。

表 H.3.2 辅助通道信息深度

	属性信息	L2.0	L3.0	备注
标识信息	标识代码	○	○	
	分类编码	△	▲	
位置信息	桩号	▲	▲	
尺寸信息	建筑限界尺寸	▲	▲	
	内轮廓尺寸	▲	▲	
	净空断面面积	▲	▲	

续表 H.3.2

属性信息		L2.0	L3.0	备 注
设计信息	围岩等级	▲	▲	如Ⅰ级、Ⅱ级、Ⅲ级、Ⅳ级、Ⅴ级、Ⅵ级
	衬砌类型	▲	▲	
	挖方量	△	▲	
	沉降缝、伸缩缝要求	○	△	
	其他要求	○	○	

注：表中"▲"表示"应包括的信息"，"△"表示"宜包括的信息"，"○"表示"可包括的信息"。

条文说明

H.3.1、H.3.2 洞身和辅助通道长度按施工缝和变形缝进行划分，支护构件和衬砌构件的起止位置与洞身和辅助通道保持一致。同时，考虑施工阶段信息模型的相关要求。

H.3.3 超前锚杆信息深度应符合表 H.3.3 的规定。

表 H.3.3 超前锚杆信息深度

属性信息		L2.0	L3.0	备 注
标识信息	标识码	○	○	
	分类编码	▲	▲	
位置信息	起点桩号	▲	▲	如 K5+220
	终点桩号	▲	▲	如 K5+270
尺寸信息	支护总长	▲	▲	
	纵向间距	▲	▲	
	纵向搭接长度	▲	▲	
	环向布设角度	▲	▲	
	环向间距	▲	▲	
	外插角	△	▲	
	锚孔孔深	△	▲	
	锚孔孔径	△	▲	
	锚杆长度	△	▲	
设计信息	钢筋牌号及用量	△	▲	
	其他要求	○	○	

注：表中"▲"表示"应包括的信息"，"△"表示"宜包括的信息"，"○"表示"可包括的信息"。

H.3.4 超前小导管信息深度应符合表 H.3.4 的规定。

表 H.3.4 超前小导管信息深度

属性信息		L2.0	L3.0	备 注
标识信息	标识码	○	○	
	分类编码	△	▲	
位置信息	起点桩号	▲	▲	如 K5+220
	终点桩号	▲	▲	如 K5+270
尺寸信息	支护总长	▲	▲	
	纵向间距	▲	▲	
	纵向搭接长度	▲	▲	
	环向布设角度	▲	▲	
	环向间距	▲	▲	
	外插角	△	▲	
	孔深	△	▲	
	钢管节长	△	▲	
设计信息	注浆强度等级及用量	△	▲	
	钢管规格及用量	▲	▲	
	注浆孔布置形式		▲	如梅花形
	注浆压力		△	
	其他要求	○	○	

注：表中"▲"表示"应包括的信息"，"△"表示"宜包括的信息"，"○"表示"可包括的信息"。

H.3.5 超前管棚信息深度应符合表 H.3.5 的规定。

表 H.3.5 超前管棚信息深度

属性信息		L2.0	L3.0	备 注
标识信息	标识码	○	○	
	分类编码	△	▲	
位置信息	起点桩号	▲	▲	如 K5+100
	终点桩号	▲	▲	如 K5+140
尺寸信息	支护总长	▲	▲	
	环向布设角度	▲	▲	
	环向间距	▲	▲	
	外插角	△	▲	
	孔深	△	▲	
	钢管节长	△	▲	

续表 H.3.5

属性信息		L2.0	L3.0	备 注
设计信息	注浆强度等级及用量	△	▲	
	钢管规格及用量	△	▲	
	注浆压力	○	△	
	连接要求	○	△	
	其他要求	○	○	

注：表中"▲"表示"应包括的信息"，"△"表示"宜包括的信息"，"○"表示"可包括的信息"。

H.3.6 套拱信息深度应符合表 H.3.6 的规定。

表 H.3.6 套拱信息深度

属性信息		L2.0	L3.0	备 注
标识信息	标识码	○	○	
	分类编码	△	▲	
尺寸信息	纵向长度	▲	▲	
	环向布设角度	▲	▲	
	拱架榀数	▲	▲	
	拱架间距	▲	▲	
	工字钢每环段数	▲	▲	
	工字钢环向间距	▲	▲	
	导向管环向间距	▲	▲	
	导向管长度	△	▲	
	混凝土厚度	△	▲	
设计信息	工字钢规格及用量	△	▲	
	钢管规格及用量	△	▲	
	混凝土强度等级及用量	△	▲	
	钢筋牌号及用量	△	▲	
	连接要求	○	△	
	其他要求	○	○	

注：表中"▲"表示"应包括的信息"，"△"表示"宜包括的信息"，"○"表示"可包括的信息"。

H.3.7 系统锚杆信息深度应符合表 H.3.7 的规定。

表 H.3.7 系统锚杆信息深度

属性信息		L2.0	L3.0	备 注
标识信息	标识码	○	○	
	分类编码	△	▲	

续表 H.3.7

属性信息		L2.0	L3.0	备注
位置信息	起点桩号	▲	▲	如 K5+220
	终点桩号	▲	▲	如 K5+270
尺寸信息	支护总长	▲	▲	
	纵向间距	▲	▲	
	环向布设角度	▲	▲	
	环向间距	▲	▲	
	锚孔孔深	△	▲	
	锚孔孔径	△	▲	
	锚杆长度	△	▲	
设计信息	锚杆类型	▲	▲	如砂浆锚杆、小导管等
	注浆强度等级及用量	△	▲	
	钢筋牌号及用量	△	▲	
	其他要求	○	○	

注：表中"▲"表示"应包括的信息","△"表示"宜包括的信息","○"表示"可包括的信息"。

H.3.8 锁脚锚杆信息深度应符合表 H.3.8 的规定。

表 H.3.8 锁脚锚杆信息深度

属性信息		L2.0	L3.0	备注
标识信息	标识码	○	○	
	分类编码	△	▲	
位置信息	起点桩号	▲	▲	如 K5+220
	终点桩号	▲	▲	如 K5+270
尺寸信息	支护总长	▲	▲	
	纵向间距	▲	▲	
	锚孔孔深	△	▲	
	锚孔孔径	△	▲	
	锚杆长度	△	▲	
设计信息	锚杆类型	▲	▲	如砂浆锚杆、小导管等
	布设位置	△	▲	
	注浆强度等级及用量	△	▲	
	钢筋牌号及用量	△	▲	
	其他要求	○	○	

注：表中"▲"表示"应包括的信息","△"表示"宜包括的信息","○"表示"可包括的信息"。

H.3.9 钢筋网信息深度应符合表 H.3.9 的规定。

表 H.3.9 钢筋网信息深度

属 性 信 息		L2.0	L3.0	备 注
标识信息	标识码	○	○	
	分类编码	△	▲	
位置信息	起点桩号	▲	▲	如 K5+220
	终点桩号	▲	▲	如 K5+270
尺寸信息	环向布设角度	▲	▲	
	网孔间距	○	△	
	网长	○	△	
	网宽	○	△	
设计信息	钢筋网层数	△	▲	
	钢筋牌号及用量	△	▲	
	其他要求	○	○	

注：表中"▲"表示"应包括的信息"，"△"表示"宜包括的信息"，"○"表示"可包括的信息"。

H.3.10 钢架信息深度应符合表 H.3.10 的规定。

表 H.3.10 钢架信息深度

属 性 信 息		L2.0	L3.0	备 注
标识信息	标识码	○	○	
	分类编码	△	▲	
位置信息	起点桩号	▲	▲	如 K5+220
	终点桩号	▲	▲	如 K5+270
尺寸信息	榀数	▲	▲	
	间距	▲	▲	
	每环段数	▲	▲	
设计信息	布设位置	△	▲	
	钢材规格及用量	▲	▲	
	钢筋牌号及用量	△	▲	
	其他要求	○	○	

注：表中"▲"表示"应包括的信息"，"△"表示"宜包括的信息"，"○"表示"可包括的信息"。

H.3.11 喷射混凝土信息深度应符合表 H.3.11 的规定。

表 H.3.11 喷射混凝土信息深度

属 性 信 息		L2.0	L3.0	备 注
标识信息	标识码	○	○	
	分类编码	△	▲	

续表 H.3.11

属性信息		L2.0	L3.0	备注
位置信息	起点桩号	▲	▲	如 K5+220
	终点桩号	▲	▲	如 K5+270
尺寸信息	厚度	▲	▲	
设计信息	喷射位置	△	▲	
	混凝土强度等级及用量	△	▲	
	其他要求	○	○	

注：表中"▲"表示"应包括的信息"，"△"表示"宜包括的信息"，"○"表示"可包括的信息"。

H.4 防排水

H.4.1 防排水信息深度应符合表 H.4.1 的规定。

表 H.4.1 防排水信息深度

属性信息		L2.0	L3.0	备注
标识信息	标识码	○	○	
	分类编码	△	▲	
位置信息	起点桩号	△	▲	
	终点桩号	△	▲	
设计信息	防水材料及用量	○	△	
	其他要求	○	○	

注：表中"▲"表示"应包括的信息"，"△"表示"宜包括的信息"，"○"表示"可包括的信息"。

条文说明

隧道防水层可不建模，在此给出要求和用量。

H.4.2 止水带信息深度应符合表 H.4.2 的规定。

表 H.4.2 止水带信息深度

属性信息		L2.0	L3.0	备注
标识信息	标识码	○	○	
	分类编码	○	△	
位置信息	桩号	○	△	
设计信息	产品规格及用量	○	△	
	其他要求	○	○	

注：表中"△"表示"宜包括的信息"，"○"表示"可包括的信息"。

H.4.3 纵向排水管信息深度应符合表 H.4.3 的规定。

表 H.4.3 纵向排水管信息深度

属性信息		L2.0	L3.0	备注
标识信息	标识码	○	○	
	分类编码	○	△	
尺寸信息	管长	○	△	
	管径	○	△	
设计信息	管料规格及用量	○	△	
	土工材料及用量	○	△	
	其他要求	○	○	

注：表中"△"表示"宜包括的信息"，"○"表示"可包括的信息"。

H.4.4 横向排水管信息深度应符合表 H.4.4 的规定。

表 H.4.4 横向排水管信息深度

属性信息		L2.0	L3.0	备注
标识信息	标识码	○	○	
	分类编码	○	△	
尺寸信息	管长	○	△	
	管径	○	△	
	纵向间距	○	△	
设计信息	管料规格及用量	○	△	
	土工材料及用量	○	△	
	其他要求	○	○	

注：表中"△"表示"宜包括的信息"，"○"表示"可包括的信息"。

H.4.5 环、竖向排水管信息深度应符合表 H.4.5 的规定。

表 H.4.5 环、竖向排水管信息深度

属性信息		L2.0	L3.0	备注
标识信息	标识码	○	○	
	分类编码	○	△	
尺寸信息	管长	○	△	
	管径	○	△	
	纵向间距	○	△	
设计信息	管料规格及用量	○	△	
	土工材料及用量	○	△	
	其他要求	○	○	

注：表中"△"表示"宜包括的信息"，"○"表示"可包括的信息"。

附录 J 交通工程及沿线设施

J.1 交通安全设施

J.1.1 交通安全设施、交通安全设施（段）信息深度应符合表 J.1.1 的规定。

表 J.1.1 交通安全设施、交通安全设施（段）信息深度

属性信息		L2.0	L3.0	备注
标识信息	标识码	○	○	
	分类编码	△	▲	
位置信息	起点桩号	▲	▲	如 K1+000
	终点桩号	▲	▲	如 K10+000
设计信息	其他要求	○	△	

注：表中"▲"表示"应包括的信息"，"△"表示"宜包括的信息"，"○"表示"可包括的信息"。

条文说明

交通安全设施的起止位置与路基保持一致，交通安全设施（段）的起止位置与路基土石方保持一致。

J.1.2 交通标线信息深度应符合表 J.1.2 的规定。

表 J.1.2 交通标线信息深度

属性信息		L2.0	L3.0	备注
标识信息	标识码	○	○	
	分类编码	△	▲	
位置信息	起点桩号	▲	▲	
	终点桩号	▲	▲	
	位置	○	△	如主线道路、桥梁、隧道、互通、匝道、平交口
设计信息	标线类型	○	▲	如路面标线、导向箭头、文字标记、立面标记、突起路标
	标线线形	○	△	如双实线、单实线、双虚线、单虚线、斑马线、网格线
	其他要求	○	△	

注：表中"▲"表示"应包括的信息"，"△"表示"宜包括的信息"，"○"表示"可包括的信息"。

条文说明

交通标线的起止位置与交通安全设施保持一致。

J.1.3 交通标志信息深度应符合表 J.1.3 的规定。

表 J.1.3 交通标志信息深度

属性信息		L2.0	L3.0	备 注
标识信息	标识码	○	○	
	分类编码	△	▲	
位置信息	桩号	▲	▲	
	位置	○	△	如左幅左侧、左幅右侧、右幅左侧、右幅右侧
尺寸信息	版面尺寸	○	▲	$\phi 1.1$、$\triangle 1.30$、4.8×2、$4.2\times 4.0+1.8\times 0.82$
设计信息	标志类型	○	▲	如警告、禁令、指示、指路、旅游区、作业区、告示、辅助
	支撑形式	○	▲	如单柱式、双柱式、多柱式、单悬臂式、双悬臂式、门架式、附着式、限高门架
	标志内容	○	△	如限速标志、人行横道标志、交叉路口标志、匝道限速标志、命名标识代码标志、地点距离标志、告示标志、互通式立交预告标志等
	标志面板材料	○	△	如玻璃钢、铝塑板、铝合金板
	其他要求	○	△	

注：表中"▲"表示"应包括的信息"，"△"表示"宜包括的信息"，"○"表示"可包括的信息"。

J.1.4 波形梁钢护栏信息深度应符合表 J.1.4-1 的规定，混凝土护栏信息深度应符合表 J.1.4-2 的规定，缆索护栏信息深度应符合表 J.1.4-3 的规定。

表 J.1.4-1 波形梁钢护栏信息深度

属性信息		L2.0	L3.0	备 注
标识信息	标识码	○	○	
	分类编码	△	▲	
位置信息	起点桩号	△	▲	
	终点桩号	△	▲	
	位置	○	△	如路侧、中央分隔带、中央分隔带开口、收费广场、隧道转换车道、非机动车道、人行道、隧道入口、互通分流鼻端

续表 J.1.4-1

属性信息		L2.0	L3.0	备注
设计信息	防护等级代号	○	▲	如一（C）级、二（B）级、三（A）级、四（SB）级、五（SA）级、六（SS）级、七（HB）级、八（HA）级、二（Bm）级、三（Am）级、四（SBm）级、五（SAm）级、六（SSm）级、七（HBm）级、一（TB）级、二（TA）级、三（TS）级
	构造形式代号	○	▲	如 Gr、Grd、AT1-1、AT1-2、AT1-3、AT2、BT-1、BT-2、CU、CT、DT、FT
	波形梁板形式	○	▲	二波形梁板、三波形梁板等
	波形梁板型号	○	▲	DB01-05、BB01-05、RTB01-1 等
	其他要求	○	△	

注：表中"▲"表示"应包括的信息"，"△"表示"宜包括的信息"，"○"表示"可包括的信息"。

表 J.1.4-2　混凝土护栏信息深度

属性信息		L2.0	L3.0	备注
标识信息	标识码	○	○	
	分类编码	△	▲	
位置信息	起点桩号	△	▲	
	终点桩号	△	▲	
	位置	○	△	如路侧、中央分隔带、隧道入口
设计信息	防护等级代号	○	▲	如一（C）级、二（B）级、三（A）级、四（SB）级、五（SA）级、六（SS）级、七（HB）级、八（HA）级、二（Bm）级、三（Am）级、四（SBm）级、五（SAm）级、六（SSm）级、七（HBm）级、八（HAm）级
	构造形式代号	○	▲	如 RrF、RrS、RrI、RpF、RpS、RpI、Rcw、Cm
	其他要求	○	△	

注：表中"▲"表示"应包括的信息"，"△"表示"宜包括的信息"，"○"表示"可包括的信息"。

表 J.1.4-3　缆索护栏信息深度

属性信息		L2.0	L3.0	备注
标识信息	标识码	○	○	
	分类编码	△	▲	
位置信息	起点桩号	△	▲	
	终点桩号	△	▲	
	位置	○	△	如路侧、中央分隔带

续表 J.1.4-3

属性信息		L2.0	L3.0	备注
设计信息	防护等级代号	○	▲	如一（C）级、二（B）级、三（A）级、一（Cm）级、二（Bm）级、三（Am）级
	构造形式代号	○	▲	Gc-C-6E、Gc-C-4B1、Gc-C-4B2、Gc-C-6C、Gc-B-6E、Gc-B-4B1、Gc-B-4B2、Gc-B-6C、Gc-A-6E、Gc-A-4B1、Gc-A-4B2、Gc-A-6C
	其他要求	○	△	

注：表中"▲"表示"应包括的信息"，"△"表示"宜包括的信息"，"○"表示"可包括的信息"。

条文说明

护栏的起止位置与交通安全设施保持一致。

J.1.5 视线诱导设施信息深度应符合表 J.1.5 的规定。

表 J.1.5 视线诱导设施信息深度

属性信息		L2.0	L3.0	备注
标识信息	标识码	○	○	
	分类编码	△	▲	
位置信息	起点桩号	△	▲	
	终点桩号	△	▲	
	位置	○	△	如车行道左侧、车行道右侧、曲线段内侧、曲线段外侧、检修道顶部、隧道侧壁、隧道紧急停车带、隧道横洞前、收费广场、平交口处、避险车道、路侧
设计信息	构造形式代号	○	▲	如 De、De（Rbw）、De（Rby）、De（Rsw）、De（Rsy）、Cv、Gca、Dt、Wp、Wb、Ip
	视线诱导设施类型	○	▲	如轮廓标、隧道轮廓带、示警桩、示警墩、道口标柱
	反光形式	○	▲	如反光膜、反光片、自发光
	结构形式	○	△	如附着式、独立基础式
	间距	○	△	如 8、12、16、24、32、40、48、50、500、6、4、2、1
	其他要求	○	△	

注：表中"▲"表示"应包括的信息"，"△"表示"宜包括的信息"，"○"表示"可包括的信息"。

条文说明

视线诱导设施的起止位置与交通安全设施保持一致。

J.1.6 防落网信息深度应符合表 J.1.6 的规定。

表 J.1.6 防落网信息深度

属性信息		L2.0	L3.0	备注
标识信息	标识码	○	○	
	分类编码	△	▲	
位置信息	起点桩号	△	▲	
	终点桩号	△	▲	
	位置	○	△	如桥梁左侧、桥梁右侧
设计信息	防落网代号	○	▲	如 Bf（防落物网）、Sf（防落石网）
	构造形式代号	○	▲	如 Em（钢板网）、Ww（焊接网）、Wn（编织网）、Mp（金属板）、Rs（钢丝绳网）、Cs（环形网）
	网型	○	△	如 D0/08/250、D0/08/200、D0/08/150、R5/3/300、R7/3/300、R9/3/300、R12/3/300、R19/3/300、D0/08/200、D0/08/150
	防落物网结构配置	○	△	
	其他要求	○	△	

注：表中"▲"表示"应包括的信息"，"△"表示"宜包括的信息"，"○"表示"可包括的信息"。

条文说明

防落网的起止位置与交通安全设施保持一致。

J.1.7 砌块体声屏障信息深度应符合表 J.1.7-1 的规定，金属结构声屏障信息深度应符合表 J.1.7-2 的规定，复合结构声屏障信息深度应符合表 J.1.7-3 的规定。

表 J.1.7-1 砌块体声屏障信息深度

属性信息		L2.0	L3.0	备注
标识信息	标识码	○	○	
	分类编码	△	▲	
位置信息	起点桩号	△	▲	
	终点桩号	△	▲	
	位置	○	△	如左侧、右侧

续表 J.1.7-1

属性信息		L2.0	L3.0	备注
尺寸信息	墙体厚度	○	△	
设计信息	混凝土强度等级及用量	○	▲	
	地基承载力	○	▲	
	其他要求	○	△	

注：表中"▲"表示"应包括的信息"，"△"表示"宜包括的信息"，"○"表示"可包括的信息"。

表 J.1.7-2 金属结构声屏障信息深度

属性信息		L2.0	L3.0	备注
标识信息	标识码	○	○	
	分类编码	△	▲	
位置信息	起点桩号	△	▲	
	终点桩号	△	▲	
	位置	○	△	如左侧、右侧
尺寸信息	立柱间距	○	△	如2.5、3.0等
	屏体背板厚度	○	△	
设计信息	类型	○	▲	如直立型、折板型、直弧型、大弧型
	混凝土强度等级及用量	○	▲	
	镀（涂）层要求	○	△	
	其他要求	○	△	

注：表中"▲"表示"应包括的信息"，"△"表示"宜包括的信息"，"○"表示"可包括的信息"。

表 J.1.7-3 复合结构声屏障信息深度

属性信息		L2.0	L3.0	备注
标识信息	标识码	○	○	
	分类编码	△	▲	
位置信息	起点桩号	△	▲	
	终点桩号	△	▲	
	位置	○	△	如左侧、右侧
尺寸信息	立柱间距	○	△	如2.5、3.0等
	屏体厚度	○	△	
	透明屏体厚度	○	△	
设计信息	类型	○	▲	如直立型、折板型、直弧型、大弧型
	混凝土强度等级及用量	○	▲	
	镀（涂）层要求	○	△	
	其他要求	○	△	

注：表中"▲"表示"应包括的信息"，"△"表示"宜包括的信息"，"○"表示"可包括的信息"。

条文说明

声屏障的起止位置与交通安全设施保持一致。

J.1.8 防眩设施信息深度应符合表 J.1.8 的规定。

表 J.1.8 防眩设施信息深度

	属性信息	L2.0	L3.0	备注
标识信息	标识码	○	○	
	分类编码	△	▲	
位置信息	起点桩号	△	▲	
	终点桩号	△	▲	
	位置	○	△	如混凝土护栏、波形梁护栏、开口活动护栏
设计信息	防眩设施代号	○	▲	如Gs
	构造形式代号	○	▲	如P（防眩板）、N（防眩网）
	部位	○	△	如中央分隔带、路侧
	间距	○	△	如1、0.5、1.5等
	其他要求	○	△	

注：表中"▲"表示"应包括的信息"，"△"表示"宜包括的信息"，"○"表示"可包括的信息"。

条文说明

防眩设施的起止位置与交通安全设施保持一致。

J.1.9 其他交通安全设施信息深度应符合表 J.1.9 的规定。

表 J.1.9 其他交通安全设施信息深度

	属性信息	L2.0	L3.0	备注
标识信息	标识码	○	○	
	分类编码	△	▲	
位置信息	桩号	△	▲	
	位置	○	△	如主线路基、主线桥梁、隧道、互通匝道、地方道路平交口、收费广场、小半径回头弯路段、避险车道、收费广场、高速公路、国道、省道、转弯处、城市十字路口、行车道、路肩、中心线及其他需要设置段落
设计信息	分类	○	▲	如防风栅、防雪栅、积雪标杆、减速丘、凸面镜、锥形路标、百米碑、里程碑、公路界碑、分道体、隆声带
	其他要求	○	△	

注：表中"▲"表示"应包括的信息"，"△"表示"宜包括的信息"，"○"表示"可包括的信息"。

J.2 通用管理设施

J.2.1 摄像机信息深度应符合表 J.2.1 的规定。

表 J.2.1 摄像机信息深度

属性信息		L2.0	L3.0	取值/备注
标识信息	标识码	○	○	
	分类编码	△	▲	
位置信息	安装位置	△	▲	路基、桥梁、隧道、服务区、机房、监控室、收费广场、收费车道、收费亭、具体桩号等
设计信息	技术参数	△	△	传感器、最低照度、像素、焦距、压缩标准、分辨率、接口及数量等
	规格型号	△	△	固定、遥控等
	其他要求	○	△	

注：表中"▲"表示"应包括的信息"，"△"表示"宜包括的信息"，"○"表示"可包括的信息"。

J.2.2 交通信号灯信息深度应符合表 J.2.2 的规定。

表 J.2.2 交通信号灯信息深度

属性信息		L2.0	L3.0	取值/备注
标识信息	标识码	○	○	
	分类编码	△	▲	
位置信息	安装位置	△	▲	路基、桥梁、隧道、具体桩号等
设计信息	技术参数	△	△	尺寸、信号灯单元数量、显示内容、点间距、发光亮度、接口及数量等
	规格型号	△	△	两车道、三车道等
	其他要求	○	△	

注：表中"▲"表示"应包括的信息"，"△"表示"宜包括的信息"，"○"表示"可包括的信息"。

J.2.3 可变信息标志信息深度应符合表 J.2.3 的规定。

表 J.2.3 可变信息标志信息深度

属性信息		L2.0	L3.0	取值/备注
标识信息	标识码	○	○	
	分类编码	△	▲	
位置信息	安装位置	△	▲	路基、桥梁、隧道、服务区、监控室、收费广场、具体桩号等

续表 J.2.3

属性信息		L2.0	L3.0	取值/备注
设计信息	技术参数	△	△	尺寸、显示字符数、显示点阵、点间距、发光亮度、接口及数量
	规格型号	△	△	悬臂式、门架式、立柱式等
	其他要求	○	△	

注：表中"▲"表示"应包括的信息"，"△"表示"宜包括的信息"，"○"表示"可包括的信息"。

J.2.4 设备机柜信息深度应符合表 J.2.4 的规定。

表 J.2.4 设备机柜信息深度

属性信息		L2.0	L3.0	取值/备注
标识信息	标识码	○	○	
	分类编码	△	▲	
位置信息	安装位置	△	▲	路基、桥梁、隧道、服务区、机房、监控室、收费广场、收费车道、收费亭、具体桩号等
设计信息	技术参数	△	△	材质、尺寸、厚度等

注：表中"▲"表示"应包括的信息"，"△"表示"宜包括的信息"，"○"表示"可包括的信息"。

J.2.5 服务器信息深度应符合表 J.2.5 的规定。

表 J.2.5 服务器信息深度

属性信息		L2.0	L3.0	取值/备注
标识信息	标识码	○	○	
	分类编码	△	▲	
位置信息	安装位置	△	▲	省中心、区域中心、路段分中心、管理所、收费站、服务区等
设计信息	技术参数	△	△	主频、内存大小、硬盘容量、显示器尺寸等
	规格型号	△	△	高性能服务器、容错服务器、双机热备服务器、单机服务器等
	其他要求	○	△	含系统软件、应用软件等

注：表中"▲"表示"应包括的信息"，"△"表示"宜包括的信息"，"○"表示"可包括的信息"。

J.2.6 计算机信息深度应符合表 J.2.6 的规定。

表 J.2.6　计算机信息深度

属 性 信 息		L2.0	L3.0	取值/备注
标识信息	标识码	○	○	
	分类编码	△	▲	
位置信息	安装位置	△	▲	省中心、区域中心、路段分中心、管理所、收费站、服务区等
设计信息	技术参数	△	△	主频、内存大小、硬盘容量、显示器尺寸等
	规格型号	△	△	台式计算机、便携式计算机
	功能要求	△	△	收费管理、图像管理、财务管理等
	其他要求	○	△	含系统软件、应用软件等

注：表中"▲"表示"应包括的信息"，"△"表示"宜包括的信息"，"○"表示"可包括的信息"。

J.2.7 显示器信息深度应符合表 J.2.7 的规定。

表 J.2.7　显示器信息深度

属 性 信 息		L2.0	L3.0	取值/备注
标识信息	标识码	○	○	
	分类编码	△	▲	
位置信息	安装位置	△	▲	服务区、机房、监控室、收费亭等
设计信息	技术参数	△	△	尺寸、分辨率、对比度、亮度等
	规格型号	△	△	LED、LCD、CRT 等
	其他要求	○	△	

注：表中"▲"表示"应包括的信息"，"△"表示"宜包括的信息"，"○"表示"可包括的信息"。

J.2.8 空调信息深度应符合表 J.2.8 的规定。

表 J.2.8　空调信息深度

属 性 信 息		L2.0	L3.0	取值/备注
标识信息	标识码	○	○	
	分类编码	△	▲	
位置信息	安装位置	△	▲	省中心、区域中心、路段分中心、管理所、收费站、服务区、隧道变电所、箱式变电站等
设计信息	技术参数	△	△	制冷量、制冷功率、制热量、制热功率等
	规格型号	△	△	普通、精密；变频、定频等
	其他要求	○	△	

注：表中"▲"表示"应包括的信息"，"△"表示"宜包括的信息"，"○"表示"可包括的信息"。

J.2.9 大屏幕信息深度应符合表 J.2.9 的规定。

表 J.2.9 大屏幕信息深度

属 性 信 息		L2.0	L3.0	取值/备注
标识信息	标识码	○	○	
	分类编码	△	▲	
位置信息	安装位置	△	▲	省中心、区域中心、路段分中心、管理所、收费站、服务区等
设计信息	技术参数	△	△	尺寸（整屏、单元屏）、材料、分辨率、拼缝等
	规格型号	△	△	LED、DLP背投、投影等
	其他要求	○	△	

注：表中"▲"表示"应包括的信息"，"△"表示"宜包括的信息"，"○"表示"可包括的信息"。

J.2.10 打印机信息深度应符合表 J.2.10 的规定。

表 J.2.10 打印机信息深度

属 性 信 息		L2.0	L3.0	取值/备注
标识信息	标识码	○	○	
	分类编码	○	△	
位置信息	安装位置	○	△	省中心、区域中心、路段分中心、管理所、收费站、服务区等
设计信息	技术参数	○	△	打印速率、分辨率、内存、打印纸张幅面等
	规格型号	○	△	激光、喷墨、针式、热敏；彩色、黑白；网络、非网络等
	其他要求	○	△	

注：表中"△"表示"宜包括的信息"，"○"表示"可包括的信息"。

J.2.11 操作台信息深度应符合表 J.2.11 的规定。

表 J.2.11 操作台信息深度

属 性 信 息		L2.0	L3.0	取值/备注
标识信息	标识码	○	○	
	分类编码	○	△	
位置信息	安装位置	○	△	省中心、区域中心、路段分中心、管理所、收费站、服务区等
设计信息	技术参数	○	△	尺寸、材料、工位数量等
	规格型号	○	△	钢质、木质等
	其他要求	○	△	

注：表中"△"表示"宜包括的信息"，"○"表示"可包括的信息"。

J.2.12 IP-SAN 磁盘阵列信息深度应符合表 J.2.12 的规定。

表 J.2.12 IP-SAN 磁盘阵列信息深度

属性信息		L2.0	L3.0	取值/备注
标识信息	标识码	○	○	
	分类编码	○	△	
位置信息	安装位置	○	△	省中心、区域中心、路段分中心、管理所、收费站、服务区、隧道变电所等
设计信息	技术参数	○	△	主频、内存大小、接口及数量、RAID 级别等
	规格型号	○	△	软阵列、硬阵列等
	其他要求	○	△	含应用软件等

注：表中"△"表示"宜包括的信息"，"○"表示"可包括的信息"。

J.2.13 硬盘录像机信息深度应符合表 J.2.13 的规定。

表 J.2.13 硬盘录像机信息深度

属性信息		L2.0	L3.0	取值/备注
标识信息	标识码	○	○	
	分类编码	○	△	
位置信息	安装位置	○	△	省中心、区域中心、路段分中心、管理所、收费站、服务区、隧道变电所等
设计信息	技术参数	○	△	存储路数、存储容量、接口及数量、支持分辨率及压缩方式等
	规格型号	○	△	NVR、DVR 等
	其他要求	○	△	含应用软件等

注：表中"△"表示"宜包括的信息"，"○"表示"可包括的信息"。

J.2.14 视频编解码器信息深度应符合表 J.2.14 的规定。

表 J.2.14 视频编解码器信息深度

属性信息		L2.0	L3.0	取值/备注
标识信息	标识码	○	○	
	分类编码	○	△	
位置信息	安装位置	○	△	省中心、区域中心、路段分中心、管理所、收费站、服务区、隧道变电所、隧道现场等
设计信息	技术参数	○	△	路数、编解码格式、分辨率、接口及数量等
	规格型号	○	△	高清、标清等
	其他要求	○	△	

注：表中"△"表示"宜包括的信息"，"○"表示"可包括的信息"。

J.2.15 以太网交换机信息深度应符合表 J.2.15 的规定。

表 J.2.15 以太网交换机信息深度

属性信息		L2.0	L3.0	取值/备注
标识信息	标识码	○	○	
	分类编码	○	△	
位置信息	安装位置	○	△	省中心、区域中心、路段分中心、管理所、收费站、服务区、隧道变电所、隧道现场等
设计信息	技术参数	○	△	背板带宽、传输方式、接口及数量等
	规格型号	○	△	二层、三层等
	功能要求	○	△	商用、工业等
	其他要求	○	△	

注：表中"△"表示"宜包括的信息"，"○"表示"可包括的信息"。

J.2.16 光纤收发器信息深度应符合表 J.2.16 的规定。

表 J.2.16 光纤收发器信息深度

属性信息		L2.0	L3.0	取值/备注
标识信息	标识码	○	○	
	分类编码	○	△	
位置信息	安装位置	○	△	省中心、区域中心、路段分中心、管理所、收费站、服务区、隧道变电所、隧道现场等
设计信息	技术参数	○	△	传输距离、接口及数量等
	规格型号	○	△	网管型、非网管型等
	其他要求	○	△	

注：表中"△"表示"宜包括的信息"，"○"表示"可包括的信息"。

J.2.17 车辆检测器信息深度应符合表 J.2.17 的规定。

表 J.2.17 车辆检测器信息深度

属性信息		L2.0	L3.0	取值/备注
标识信息	标识码	○	○	
	分类编码	○	△	
位置信息	安装位置	○	△	路基、桥梁、隧道、服务区、监控室、收费广场、具体桩号等
设计信息	技术参数	○	△	检测参数、检测精度、接口及数量等
	规格型号	○	△	微波、激光、线圈、视频等
	应用场所	○	△	商用、工业等
	其他要求	○	△	

注：表中"△"表示"宜包括的信息"，"○"表示"可包括的信息"。

J.2.18 线缆信息深度应符合表 J.2.18 的规定。

表 J.2.18 线缆信息深度

属性信息		L2.0	L3.0	取值/备注
标识信息	标识码	○	○	
	分类编码	○	△	
位置信息	安装位置	○	△	路基、桥梁、隧道、服务区、收费广场等
尺寸信息	长度	○	△	
设计信息	技术参数	○	△	材质、尺寸等
	规格型号	○	△	
	类型	○	△	光缆、通信电缆、电力电缆等
	其他要求	○	△	

注：表中"△"表示"宜包括的信息"，"○"表示"可包括的信息"。

J.2.19 走线架桥架信息深度应符合表 J.2.19 的规定。

表 J.2.19 走线架桥架信息深度

属性信息		L2.0	L3.0	取值/备注
标识信息	标识码	○	○	
	分类编码	○	△	
位置信息	安装位置	○	△	机房、隧道现场等
设计信息	技术参数	○	△	材质、尺寸、厚度等
	规格型号	○	△	室内、室外等
	其他要求	○	△	

注：表中"△"表示"宜包括的信息"，"○"表示"可包括的信息"。

J.2.20 管道信息深度应符合表 J.2.20 的规定。

表 J.2.20 管道信息深度

属性信息		L2.0	L3.0	取值/备注
标识信息	标识码	○	○	
	分类编码	○	△	
位置信息	安装位置	○	△	路基、桥梁、隧道、服务区、收费广场等
设计信息	技术参数	○	△	材质、尺寸、厚度等
	规格型号	○	△	通信管道、电力管道、消防管道等
	其他要求	○	△	

注：表中"△"表示"宜包括的信息"，"○"表示"可包括的信息"。

J.2.21 沟槽信息深度应符合表 J.2.21 的规定。

表 J.2.21 沟槽信息深度

属性信息		L2.0	L3.0	取值/备注
标识信息	标识码	○	○	
	分类编码	○	△	
位置信息	安装位置	○	△	路基、桥梁、隧道、服务区、收费广场等
设计信息	技术参数	○	△	材质、尺寸、厚度等
	规格型号	○	△	线缆沟、线缆槽等
	其他要求	○	△	

注：表中"△"表示"宜包括的信息"，"○"表示"可包括的信息"。

J.3 监控设施

J.3.1 监控设施信息深度应符合表 J.3.1 的规定。

表 J.3.1 监控设施信息深度

属性信息		L2.0	L3.0	备注
标识信息	标识码	○	○	
	分类编码	△	▲	
位置信息	起点桩号	△	▲	如 K0+000
	终点桩号	△	▲	如 K10+000
设计信息	监控等级	△	▲	A、B、C、D

注：表中"▲"表示"应包括的信息"，"△"表示"宜包括的信息"，"○"表示"可包括的信息"。

J.3.2 气象检测器信息深度应符合表 J.3.2 的规定。

表 J.3.2 气象检测器信息深度

属性信息		L2.0	L3.0	取值/备注
标识信息	标识码	○	○	
	分类编码	△	▲	
位置信息	安装位置	△	▲	路基、桥梁、服务区、具体桩号等
设计信息	技术参数	△	△	检测要素、检测精度、检测范围等
	规格型号	△	△	能见度、路面温度、路面湿度、雨量、风速风向等
	其他要求	○	△	

注：表中"▲"表示"应包括的信息"，"△"表示"宜包括的信息"，"○"表示"可包括的信息"。

J.3.3 环境检测器信息深度应符合表 J.3.3 的规定。

表 J.3.3 环境检测器信息深度

属性信息		L2.0	L3.0	取值/备注
标识信息	标识码	○	○	
	分类编码	△	▲	
位置信息	安装位置	△	▲	隧道内、隧道外、具体桩号等
设计信息	技术参数	△	△	检测要素、检测精度、检测范围等
	规格型号	△	△	一氧化碳/能见度检测器、能见度检测器、二氧化氮检测器、亮度检测器等
	其他要求	○	△	

注：表中"▲"表示"应包括的信息"，"△"表示"宜包括的信息"，"○"表示"可包括的信息"。

J.3.4 车道指示器信息深度应符合表 J.3.4 的规定。

表 J.3.4 车道指示器信息深度

属性信息		L2.0	L3.0	取值/备注
标识信息	标识码	○	○	
	分类编码	△	▲	
位置信息	安装位置	△	▲	隧道内、隧道外、具体桩号等
设计信息	技术参数	△	△	显示亮度、字符、尺寸等
	规格型号	△	△	单面、双面等
	其他要求	○	△	

注：表中"▲"表示"应包括的信息"，"△"表示"宜包括的信息"，"○"表示"可包括的信息"。

J.3.5 区域控制器信息深度应符合表 J.3.5 的规定。

表 J.3.5 区域控制器信息深度

属性信息		L2.0	L3.0	取值/备注
标识信息	标识码	○	○	
	分类编码	○	△	
位置信息	安装位置	○	△	隧道内、隧道外、具体桩号等
设计信息	技术参数	○	△	CPU模块、开关量输入模块、开关量输出模块、模拟量输入模块等
	规格型号	○	△	主区域控制器、现场区域控制器等
	其他要求	○	△	含系统软件、应用软件等

注：表中"△"表示"宜包括的信息"，"○"表示"可包括的信息"。

J.3.6 紧急电话及广播信息深度应符合表 J.3.6 的规定。

表 J.3.6 紧急电话及广播信息深度

属性信息		L2.0	L3.0	取值/备注
标识信息	标识码	○	○	
	分类编码	○	△	
位置信息	安装位置	○	△	区域中心、路段分中心、管理所、收费站、隧道变电所、隧道内、具体桩号等
设计信息	技术参数	○	△	是否全双工通话、是否支持录音、信号电平标准频率、广播功率等
	规格型号	○	△	光纤一体型、IP 网络型等
	其他要求	○	△	

注：表中"△"表示"宜包括的信息"，"○"表示"可包括的信息"。

J.3.7 火灾探测报警设施信息深度应符合表 J.3.7 的规定。

表 J.3.7 火灾探测报警设施信息深度

属性信息		L2.0	L3.0	取值/备注
标识信息	标识码	○	○	
	分类编码	○	△	
位置信息	安装位置	○	△	区域中心、路段分中心、管理所、收费站、隧道变电所、隧道内、具体桩号等
设计信息	技术参数	○	△	是否全双工通话、是否支持录音、信号电平标准频率、广播功率等
	规格型号	○	△	光纤一体型、IP 网络型等
	其他要求	○	△	

注：表中"△"表示"宜包括的信息"，"○"表示"可包括的信息"。

J.3.8 备用电源信息深度应符合表 J.3.8 的规定。

表 J.3.8 备用电源信息深度

属性信息		L2.0	L3.0	取值/备注
标识信息	标识码	○	○	
	分类编码	○	△	
位置信息	安装位置	○	△	省中心、区域中心、路段分中心、管理所、收费站、服务区、隧道变电所、隧道现场等
设计信息	技术参数	○	△	三进三出、三进单出等；容量；是否模块式等
	规格型号	○	△	UPS、EPS 等
	其他要求	○	△	

注：表中"△"表示"宜包括的信息"，"○"表示"可包括的信息"。

J.4 收费设施

J.4.1 收费设施信息深度应符合表 J.4.1 的规定。

表 J.4.1 收费设施信息深度

属性信息		L2.0	L3.0	备注
标识信息	标识码	○	○	
	分类编码	△	▲	
位置信息	起点桩号	▲	▲	如 K0+000
	终点桩号	▲	▲	如 K10+000
设计信息	收费中心	△	▲	名称、数量等
	收费分中心	△	▲	名称、数量等
	收费站	△	▲	名称、数量等

注：表中"▲"表示"应包括的信息"，"△"表示"宜包括的信息"，"○"表示"可包括的信息"。

J.4.2 收费亭信息深度应符合表 J.4.2 的规定。

表 J.4.2 收费亭信息深度

属性信息		L2.0	L3.0	取值/备注
标识信息	标识码	○	○	
	分类编码	△	▲	
位置信息	安装位置	▲	▲	单向岛、双向岛
设计信息	技术参数	△	△	材质、尺寸等
	规格型号	△	△	单人收费亭、双人收费亭
	其他要求	○	△	

注：表中"▲"表示"应包括的信息"，"△"表示"宜包括的信息"，"○"表示"可包括的信息"。

J.4.3 收费岛信息深度应符合表 J.4.3 的规定。

表 J.4.3 收费岛信息深度

属性信息		L2.0	L3.0	取值/备注
标识信息	标识码	○	○	
	分类编码	△	▲	
位置信息	安装位置	▲	▲	收费广场
设计信息	技术参数	△	△	材质、尺寸等
	规格型号	△	△	入口收费岛、出口收费岛、双向收费岛
	其他要求	○	△	

注：表中"▲"表示"应包括的信息"，"△"表示"宜包括的信息"，"○"表示"可包括的信息"。

J.4.4 栏杆信息深度应符合表 J.4.4 的规定。

表 J.4.4 栏杆信息深度

属性信息		L2.0	L3.0	取值/备注
标识信息	标识码	○	○	
	分类编码	△	▲	
位置信息	安装位置	△	▲	MTC 车道、ETC 车道等
设计信息	技术参数	△	△	臂长、材质、抬起或下落时间、使用寿命等
	规格型号	△	△	自动、手动
	其他要求	○	○	

注：表中"▲"表示"应包括的信息"，"△"表示"宜包括的信息"，"○"表示"可包括的信息"。

J.4.5 费额显示器信息深度应符合表 J.4.5 的规定。

表 J.4.5 费额显示器信息深度

属性信息		L2.0	L3.0	取值/备注
标识信息	标识码	○	○	
	分类编码	△	▲	
位置信息	安装位置	△	▲	收费岛等
设计信息	技术参数	△	△	显示屏材质、尺寸、对比度、亮度、分辨率、寿命、背光光源等
	规格型号	△	△	LCD、LED 等
	其他要求	○	○	

注：表中"▲"表示"应包括的信息"，"△"表示"宜包括的信息"，"○"表示"可包括的信息"。

J.4.6 ETC 门架系统信息深度应符合表 J.4.6 的规定。

表 J.4.6 ETC 门架系统信息深度

属性信息		L2.0	L3.0	取值/备注
标识信息	标识码	○	○	
	分类编码	△	▲	
位置信息	安装位置	△	▲	路基、桥梁等
设计信息	技术参数	△	△	基础及门架规格，主要设备构成
	规格型号	△	△	2+1、3+1、4+1 等
	其他要求	○	△	含系统软件、应用软件等

注：表中"▲"表示"应包括的信息"，"△"表示"宜包括的信息"，"○"表示"可包括的信息"。

J.4.7 ETC 天线信息深度应符合表 J.4.7 的规定。

表 J.4.7 ETC 天线信息深度

属性信息		L2.0	L3.0	取值/备注
标识信息	标识码	○	○	
	分类编码	△	▲	
位置信息	安装位置	△	▲	收费车道、ETC 门架系统等
设计信息	技术参数	△	△	接收灵敏度、功耗、交易共成功率等
	规格型号	△	△	相控阵天线、一代普通天线等
	其他要求	○	△	含系统软件、应用软件等

注：表中"▲"表示"应包括的信息"，"△"表示"宜包括的信息"，"○"表示"可包括的信息"。

J.4.8 车牌自动识别设施信息深度应符合表 J.4.8 的规定。

表 J.4.8 车牌自动识别设施信息深度

属性信息		L2.0	L3.0	取值/备注
标识信息	标识码	○	○	
	分类编码	△	▲	
位置信息	安装位置	△	▲	本收费岛、相邻收费岛等
设计信息	技术参数	△	△	传感器、像素、焦距、压缩标准、分辨率、接口及数量、识别率等
	规格型号	△	△	高清、标清等
	其他要求	○	△	

注：表中"▲"表示"应包括的信息"，"△"表示"宜包括的信息"，"○"表示"可包括的信息"。

J.4.9 车道控制器信息深度应符合表 J.4.9 的规定。

表 J.4.9 车道控制器信息深度

属性信息		L2.0	L3.0	取值/备注
标识信息	标识码	○	○	
	分类编码	○	△	
位置信息	安装位置	○	△	MTC 车道、ETC 车道等
设计信息	技术参数	○	△	检测输入、控制输出的路数、接口及数量等
	规格型号	○	△	嵌入式、独立式等
	其他要求	○	△	含系统软件、应用软件等

注：表中"△"表示"宜包括的信息"，"○"表示"可包括的信息"。

J.4.10 光栅分车器信息深度应符合表 J.4.10 的规定。

表 J.4.10 光栅分车器信息深度

属 性 信 息		L2.0	L3.0	取值/备注
标识信息	标识码	○	○	
	分类编码	○	△	
位置信息	安装位置	○	△	入口车道、出口车道等
设计信息	技术参数	○	△	检测范围、扫描时间等
	其他要求	○	△	其他

注：表中"△"表示"宜包括的信息"，"○"表示"可包括的信息"。

J.4.11 计重设备信息深度应符合表 J.4.11 的规定。

表 J.4.11 计重设备信息深度

属 性 信 息		L2.0	L3.0	取值/备注
标识信息	标识码	○	○	
	分类编码	○	△	
位置信息	安装位置	○	△	一般出口车道，超宽出口车道等
设计信息	技术参数	○	△	检测精度、检测范围、秤台尺寸等
	规格型号	○	△	石英、弯板、单秤台、双秤台、整车式、轴组式等
	其他要求	○	△	含系统软件、应用软件等

注：表中"△"表示"宜包括的信息"，"○"表示"可包括的信息"。

J.4.12 对讲及广播设施信息深度应符合表 J.4.12 的规定。

表 J.4.12 对讲及广播设施信息深度

属 性 信 息		L2.0	L3.0	取值/备注
标识信息	标识码	○	○	
	分类编码	○	△	
位置信息	安装位置	○	△	分中心、收费站等
设计信息	技术参数	○	△	对讲路数、语音编码格式等
	规格型号	○	△	全双工、半双工等
	其他要求	○	△	

注：表中"△"表示"宜包括的信息"，"○"表示"可包括的信息"。

J.5 通信设施

J.5.1 通信设施信息深度应符合表 J.5.1 的规定。

表 J.5.1 通信设施信息深度

属性信息		L2.0	L3.0	备注
标识信息	标识码	○	○	
	分类编码	△	▲	
位置信息	起点桩号	△	▲	如 K0+000
	终点桩号	△	▲	如 K10+000
设计信息	有人通信站	△	▲	名称、数量等
	无人通信站	△	▲	名称、数量等

注：表中"▲"表示"应包括的信息"，"△"表示"宜包括的信息"，"○"表示"可包括的信息"。

J.5.2 电话信息深度应符合表 J.5.2 的规定。

表 J.5.2 电话信息深度

属性信息		L2.0	L3.0	取值/备注
标识信息	标识码	○	○	
	分类编码	△	▲	
位置信息	安装位置	△	▲	通信站名称
设计信息	技术参数	△	△	工作频率、脉冲通断比等
	规格型号	△	△	IP电话、DTMF电话等
	其他要求	○	△	

注：表中"▲"表示"应包括的信息"，"△"表示"宜包括的信息"，"○"表示"可包括的信息"。

J.5.3 光纤线路终端信息深度应符合表 J.5.3 的规定。

表 J.5.3 光纤线路终端信息深度

属性信息		L2.0	L3.0	取值/备注
标识信息	标识码	○	○	
	分类编码	△	▲	
设计信息	技术参数	△	△	STM-1、STM-4、STM-16、STM-64、10GE，交叉容量，板卡及光口数量，误码及抖动指标等
	规格型号	△	△	MSTP、MSTP+、SDH、ASON、PTN、OTN 等
	其他要求	○	△	

注：表中"▲"表示"应包括的信息"，"△"表示"宜包括的信息"，"○"表示"可包括的信息"。

J.5.4 光纤网络单元信息深度应符合表 J.5.4 的规定。

表 J.5.4 光纤网络单元信息深度

属性信息		L2.0	L3.0	取值/备注
标识信息	标识码	○	○	
	分类编码	○	△	
位置信息	安装位置	○	△	通信站名称
设计信息	技术参数	○	△	STM-1、STM-4、STM-16、STM-64、10GE，交叉容量，板卡及光口数量，误码及抖动指标等
	规格型号	○	△	MSTP、MSTP+、SDH、ASON、PTN、OTN 等
	其他要求	○	△	

注：表中"△"表示"宜包括的信息"，"○"表示"可包括的信息"。

J.5.5 干线传输设备信息深度应符合表 J.5.5 的规定。

表 J.5.5 干线传输设备信息深度

属性信息		L2.0	L3.0	取值/备注
标识信息	标识码	○	○	
	分类编码	○	△	
位置信息	安装位置	○	△	通信站名称
设计信息	技术参数	○	△	STM-1、STM-4、STM-16、STM-64、10GE，交叉容量，板卡及光口数量，误码及抖动指标等
	规格型号	○	△	MSTP、MSTP+、SDH、ASON、PTN、OTN 等
	其他要求	○	△	

注：表中"△"表示"宜包括的信息"，"○"表示"可包括的信息"。

J.5.6 综合语音接入网关信息深度应符合表 J.5.6 的规定。

表 J.5.6 综合语音接入网关信息深度

属性信息		L2.0	L3.0	取值/备注
标识信息	标识码	○	○	
	分类编码	○	△	
位置信息	安装位置	○	△	通信站名称
设计信息	技术参数	○	△	语音处理能力、协议与接口方式、语音压缩算法、中继线数量等
	其他要求	○	△	

注：表中"△"表示"宜包括的信息"，"○"表示"可包括的信息"。

J.5.7 数字程控交换机信息深度应符合表 J.5.7 的规定。

表 J.5.7　数字程控交换机信息深度

属性信息		L2.0	L3.0	取值/备注
标识信息	标识码	○	○	
	分类编码	○	△	
位置信息	安装位置	○	△	通信站名称
设计信息	技术参数	○	△	语音处理能力、协议与接口方式、语音压缩算法、中继线数量等
	其他要求	○	△	

注：表中"△"表示"宜包括的信息"，"○"表示"可包括的信息"。

J.5.8 IAD 设备信息深度应符合表 J.5.8 的规定。

表 J.5.8　IAD 设备信息深度

属性信息		L2.0	L3.0	取值/备注
标识信息	标识码	○	○	
	分类编码	○	△	
位置信息	安装位置	○	△	通信站名称
设计信息	技术参数	○	△	接口及数量、编码方式、支持协议等
	规格型号	○	△	MGCP 类、SIP 类
	其他要求	○	△	

注：表中"△"表示"宜包括的信息"，"○"表示"可包括的信息"。

J.5.9 配线设施信息深度应符合表 J.5.9 的规定。

表 J.5.9　配线设施信息深度

属性信息		L2.0	L3.0	取值/备注
标识信息	标识码	○	○	
	分类编码	○	△	
位置信息	安装位置	○	△	通信站名称
设计信息	技术参数	○	△	配线单元名称及数量等
	规格型号	○	△	MDF、ODF、DDF 等
	其他要求	○	△	

注：表中"△"表示"宜包括的信息"，"○"表示"可包括的信息"。

J.5.10 高频开关电源信息深度应符合表 J.5.10 的规定。

表 J.5.10 高频开关电源信息深度

属性信息		L2.0	L3.0	取值/备注
标识信息	标识码	○	○	
	分类编码	○	△	
位置信息	安装位置	○	△	通信站名称
设计信息	技术参数	○	△	电源容量、电源模块容量、配置的电源模块数量等
	规格型号	○	△	高频开关电源等
	其他要求	○	△	

注：表中"△"表示"宜包括的信息"，"○"表示"可包括的信息"。

J.5.11 蓄电池组信息深度应符合表 J.5.11 的规定。

表 J.5.11 蓄电池组信息深度

属性信息		L2.0	L3.0	取值/备注
标识信息	标识码	○	○	
	分类编码	○	△	
位置信息	安装位置	○	△	通信站名称
设计信息	技术参数	○	△	蓄电池组总容量、蓄电池组的数量、单体蓄电池电压等
	规格型号	○	△	阀控式密封铅酸、胶体等
	安装方式	○	△	机柜内安装、独立落地式安装等
	其他要求	○	△	

注：表中"△"表示"宜包括的信息"，"○"表示"可包括的信息"。

J.6 供配电设施

J.6.1 供配电设施信息深度应符合表 J.6.1 的规定。

表 J.6.1 供配电设施信息深度

属性信息		L2.0	L3.0	备注
标识信息	标识码	○	○	
	分类编码	△	▲	
位置信息	起点桩号	△	▲	如 K0+000
	终点桩号	△	▲	如 K10+000
设计信息	变电所要求	△	▲	名称、数量

注：表中"▲"表示"应包括的信息"，"△"表示"宜包括的信息"，"○"表示"可包括的信息"。

J.6.2 高压柜信息深度应符合表 J.6.2 的规定。

表 J.6.2 高压柜信息深度

属性信息		L2.0	L3.0	取值/备注
标识信息	标识码	○	○	
	分类编码	△	▲	
位置信息	安装位置	△	▲	省中心、区域中心、路段分中心、管理所、收费站、服务区、隧道变电所、隧道现场等
设计信息	技术参数	△	△	柜体材质、额定电压、额定电流、真空断路器及负荷开关相关要求等
	规格型号	△	△	计量柜、出线柜、进线柜、PT柜、高压切换柜等
	其他要求	○	△	

注：表中"▲"表示"应包括的信息","△"表示"宜包括的信息","○"表示"可包括的信息"。

J.6.3 低压柜信息深度应符合表 J.6.3 的规定。

表 J.6.3 低压柜信息深度

属性信息		L2.0	L3.0	取值/备注
标识信息	标识码	○	○	
	分类编码	△	▲	
位置信息	安装位置	△	▲	省中心、区域中心、路段分中心、管理所、收费站、服务区、隧道变电所、隧道现场等
设计信息	技术参数	△	△	柜体材质、额定电压、额定电流、真空断路器及负荷开关相关要求等
	规格型号	△	△	进线柜、出线柜、低压切换柜、母联柜等
	其他要求	○	△	

注：表中"▲"表示"应包括的信息","△"表示"宜包括的信息","○"表示"可包括的信息"。

J.6.4 变压器信息深度应符合表 J.6.4 的规定。

表 J.6.4 变压器信息深度

属性信息		L2.0	L3.0	取值/备注
标识信息	标识码	○	○	
	分类编码	○	△	
位置信息	安装位置	○	△	省中心、区域中心、路段分中心、管理所、收费站、服务区、隧道变电所、隧道现场等

续表 J.6.4

属性信息		L2.0	L3.0	取值/备注
设计信息	技术参数	○	△	额定容量、额定电压、额定频率、结构等
	规格型号	○	△	干式变压器、油浸变压器、非晶合金变压器等
	其他要求	○	△	

注：表中"△"表示"宜包括的信息"，"○"表示"可包括的信息"。

J.6.5 柴油发电机组信息深度应符合表 J.6.5 的规定。

表 J.6.5 柴油发电机组信息深度

属性信息		L2.0	L3.0	取值/备注
标识信息	标识码	○	○	
	分类编码	○	△	
位置信息	安装位置	○	△	室内、室外
设计信息	技术参数	○	△	机组功率、输出电压、额定频率、结构等
	规格型号	○	△	是否来电自启动等
	其他要求	○	△	

注：表中"△"表示"宜包括的信息"，"○"表示"可包括的信息"。

J.7 照明设施

J.7.1 照明设施信息深度应符合表 J.7.1 的规定。

表 J.7.1 照明设施信息深度

属性信息		L2.0	L3.0	备 注
标识信息	标识码	○	○	
	分类编码	△	▲	
位置信息	起点桩号	△	▲	如 K0+000
	终点桩号	△	▲	如 K10+000
	照明位置	△	▲	收费广场、服务区广场、避险车道、检测点（站）、桥梁、互通或全线等
设计信息	照明标准	△	▲	亮度、照度、均匀度等

注：表中"▲"表示"应包括的信息"，"△"表示"宜包括的信息"，"○"表示"可包括的信息"。

J.7.2 照明灯具信息深度应符合表 J.7.2 的规定。

表 J.7.2 照明灯具信息深度

属性信息		L2.0	L3.0	取值/备注
标识信息	标识码	○	○	
	分类编码	△	▲	
位置信息	安装位置	△	▲	路基、桥梁、隧道、服务区、监控室、收费广场、具体桩号等
设计信息	技术参数	△	△	光源寿命、光通量、灯杆材质、灯杆高度、灯杆厚度等
	规格型号	△	△	高压钠灯、LED灯、无极灯、白炽灯、荧光灯等
	其他要求	○	△	

注：表中"▲"表示"应包括的信息"，"△"表示"宜包括的信息"，"○"表示"可包括的信息"。

J.8 通风设施

J.8.1 通风设施信息深度应符合表 J.8.1 的规定。

表 J.8.1 通风设施信息深度

属性信息		L2.0	L3.0	备注
标识信息	标识码	○	○	
	分类编码	△	▲	
位置信息	起点桩号	△	▲	如 K0+000
	终点桩号	△	▲	如 K10+000
设计信息	隧道交通工程等级	△	▲	A+、A、B、C、D

注：表中"▲"表示"应包括的信息"，"△"表示"宜包括的信息"，"○"表示"可包括的信息"。

J.8.2 风机信息深度应符合表 J.8.2 的规定。

表 J.8.2 风机信息深度

属性信息		L2.0	L3.0	取值/备注
标识信息	标识码	○	○	
	分类编码	△	▲	
位置信息	安装位置	△	▲	隧道名称
设计信息	技术参数	△	△	推力、叶轮直径、电机功率、额定电压、是否可逆等
	规格型号	△	△	射流风机、轴流风机等
	其他要求	○	△	

注：表中"▲"表示"应包括的信息"，"△"表示"宜包括的信息"，"○"表示"可包括的信息"。

J.9 消防设施

J.9.1 消防设施信息深度应符合表 J.9.1 的规定。

表 J.9.1 消防设施信息深度

属性信息		L2.0	L3.0	备注
标识信息	标识码	○	○	
	分类编码	△	▲	
位置信息	起点桩号	△	▲	如 K0+000
	终点桩号	△	▲	如 K10+000
设计信息	隧道交通工程等级	△	▲	A+、A、B、C、D

注：表中"▲"表示"应包括的信息"，"△"表示"宜包括的信息"，"○"表示"可包括的信息"。

J.9.2 灭火器信息深度应符合表 J.9.2 的规定。

表 J.9.2 灭火器信息深度

属性信息		L2.0	L3.0	取值/备注
标识信息	标识码	○	○	
	分类编码	△	▲	
位置信息	安装位置	△	▲	隧道变电所、隧道现场等
设计信息	技术参数	△	△	重量、灭火级别、喷射距离等
	规格型号	△	△	干粉、七氟丙烷等；推车式、手提式等
	其他要求	○	△	

注：表中"▲"表示"应包括的信息"，"△"表示"宜包括的信息"，"○"表示"可包括的信息"。

J.9.3 消防栓箱信息深度应符合表 J.9.3 的规定。

表 J.9.3 消防栓箱信息深度

属性信息		L2.0	L3.0	取值/备注
标识信息	标识码	○	○	
	分类编码	△	▲	
位置信息	安装位置	△	▲	隧道变电所、隧道现场等
设计信息	技术参数	△	△	材质、厚度、规格尺寸等
	规格型号	△	△	铝制、钢制等
	其他要求	○	△	

注：表中"▲"表示"应包括的信息"，"△"表示"宜包括的信息"，"○"表示"可包括的信息"。

J.9.4 灭火器箱信息深度应符合表 J.9.4 的规定。

表 J.9.4 灭火器箱信息深度

属性信息		L2.0	L3.0	取值/备注
标识信息	标识码	○	○	
	分类编码	△	▲	
位置信息	安装位置	△	▲	隧道变电所、隧道现场等
设计信息	技术参数	△	△	材质、厚度、规格尺寸等
	规格型号	△	△	干粉、七氟丙烷等
	其他要求	○	△	

注：表中"▲"表示"应包括的信息"，"△"表示"宜包括的信息"，"○"表示"可包括的信息"。

J.9.5 消火栓信息深度应符合表 J.9.5 的规定。

表 J.9.5 消火栓信息深度

属性信息		L2.0	L3.0	取值/备注
标识信息	标识码	○	○	
	分类编码	△	▲	
位置信息	安装位置	△	▲	隧道内、隧道口等
设计信息	技术参数	△	△	出水口径、出水压力等
	规格型号	△	△	减压稳压型等
	其他要求	○	△	

注：表中"▲"表示"应包括的信息"，"△"表示"宜包括的信息"，"○"表示"可包括的信息"。

J.9.6 水泵信息深度应符合表 J.9.6 的规定。

表 J.9.6 水泵信息深度

属性信息		L2.0	L3.0	取值/备注
标识信息	标识码	○	○	
	分类编码	△	▲	
位置信息	安装位置	△	▲	井内、水池内
设计信息	技术参数	△	△	扬程、电机功率、流量、材质等
	规格型号	△	△	深井泵、补水泵等
	其他要求	○	△	

注：表中"▲"表示"应包括的信息"，"△"表示"宜包括的信息"，"○"表示"可包括的信息"。

J.9.7 防火门信息深度应符合表 J.9.7 的规定。

表 J.9.7 防火门信息深度

属性信息		L2.0	L3.0	取值/备注
标识信息	标识码	○	○	
	分类编码	△	▲	
位置信息	安装位置	△	▲	人行横洞、车行横洞
设计信息	技术参数	△	△	耐火等级、材质及厚度、尺寸、控制及开启方式等
	规格型号	△	△	人行横洞防火门、车行横洞防火门
	其他要求	○	△	

注：表中"▲"表示"应包括的信息"，"△"表示"宜包括的信息"，"○"表示"可包括的信息"。

附录 K 地形地质

K.1 地形

K.1.1 地形信息深度应符合表 K.1.1 的规定。

表 K.1.1 地形信息深度

属性信息		L2.0	L3.0	备 注
标识信息	标识码	○	○	
	分类编码	△	▲	
位置信息	左上角坐标	○	△	x, y, z
	右下角坐标	○	△	x, y, z
地形信息	模型类型	○	△	如三角网模型、格网与三角网混合模型等
	模型精度	▲	▲	如 1:500、1:1 000、1:2 000、1:5 000 等
	数据来源	○	△	如摄影测量、地形图、野外实测
	地形概括	△	▲	
	地形地貌说明	○	△	

注：表中"▲"表示"应包括的信息"，"△"表示"宜包括的信息"，"○"表示"可包括的信息"。

K.2 地质

K.2.1 地质信息深度应符合表 K.2.1 的规定。

表 K.2.1 地质信息深度

属性信息		L2.0	L3.0	备 注
标识信息	标识码	○	○	
	分类编码	△	▲	
位置信息	起点桩号	▲	▲	如 K2+100
	终点桩号	▲	▲	如 K4+350
地质信息	地质条件	△	▲	如简单、较复杂、复杂
	地层层数	△	▲	
	地质构造	△	▲	
	不良地质	△	▲	
	地质概括	△	▲	

注：表中"▲"表示"应包括的信息"，"△"表示"宜包括的信息"，"○"表示"可包括的信息"。

K.2.2 探井信息深度应符合表 K.2.2 的规定。

表 K.2.2 探井信息深度

属性信息		L2.0	L3.0	备注
标识信息	标识码	○	○	
	分类编码	△	▲	
位置信息	桩号	▲	▲	如 K2+200
	井口坐标	▲	▲	x，y
	井口高程	▲	▲	
尺寸信息	井深	▲	▲	
	井口尺寸	▲	▲	
地质信息	勘探日期	○	△	

注：1. 探井地层信息深度应符合本标准第 K.2.6 条的有关规定。
2. 表中"▲"表示"应包括的信息"，"△"表示"宜包括的信息"，"○"表示"可包括的信息"。

K.2.3 探槽信息深度应符合表 K.2.3 的规定。

表 K.2.3 探槽信息深度

属性信息		L2.0	L3.0	备注
标识信息	标识码	○	○	
	分类编码	△	▲	
位置信息	起点桩号	▲	▲	如 K2+200
	终点桩号	▲	▲	如 K2+300
尺寸信息	长度	▲	▲	
	槽顶宽	▲	△	
	槽底宽	▲	△	
	槽深	▲	▲	
地质信息	勘探日期	○	△	

注：1. 探槽地层信息深度应符合本标准第 K.2.6 条的有关规定。
2. 表中"▲"表示"应包括的信息"，"△"表示"宜包括的信息"，"○"表示"可包括的信息"。

K.2.4 探坑信息深度应符合表 K.2.4 的规定。

表 K.2.4 探坑信息深度

属性信息		L2.0	L3.0	备注
标识信息	标识码	○	○	
	分类编码	△	▲	
位置信息	桩号	▲	▲	如 K2+200

续表 K.2.4

属性信息		L2.0	L3.0	备 注
尺寸信息	坑长	▲	▲	
	坑宽	▲	△	
	坑深	▲	▲	
地质信息	勘探日期	○	△	

注：1. 探坑地层信息深度应符合本标准第 K.2.6 条的有关规定。
2. 表中"▲"表示"应包括的信息"，"△"表示"宜包括的信息"，"○"表示"可包括的信息"。

K.2.5 钻孔信息深度应符合表 K.2.5 的规定。

表 K.2.5 钻孔信息深度

属性信息		L2.0	L3.0	备 注
标识信息	标识码	○	○	
	分类编码	△	▲	
位置信息	桩号	▲	▲	如 K2+350
	孔口坐标	▲	▲	x, y
	孔口高程	▲	▲	
尺寸信息	孔深	▲	▲	
地质信息	钻孔类型	▲	▲	如鉴别孔、标贯孔等
	勘探日期	○	△	

注：1. 钻孔地层信息深度应符合本标准第 K.2.6 条的有关规定。
2. 表中"▲"表示"应包括的信息"，"△"表示"宜包括的信息"，"○"表示"可包括的信息"。

K.2.6 地层信息深度应符合表 K.2.6 的规定。

表 K.2.6 地层信息深度

属性信息		L2.0	L3.0	备 注
标识信息	标识码	○	○	
	分类编码	△	▲	
位置信息	层底高程	▲	▲	
尺寸信息	层厚	▲	▲	
地质信息	地层层号	▲	▲	
	地质时代	▲	▲	如第四纪全新世
	地层成因	▲	▲	如坡积层、冲积层、洪积层
	岩层倾向	▲	▲	
	岩层倾角	▲	▲	
	岩土类型	▲	▲	如碎石、砂土、粉土等
	地层描述	○	○	

注：表中"▲"表示"应包括的信息"，"△"表示"宜包括的信息"，"○"表示"可包括的信息"。

本标准用词用语说明

1 本标准执行严格程度的用词,采用下列写法:
1) 表示很严格,非这样做不可的用词,正面词采用"必须",反面词采用"严禁";
2) 表示严格,在正常情况下均应这样做的用词,正面词采用"应",反面词采用"不应"或"不得";
3) 表示允许稍有选择,在条件许可时首先应这样做的用词,正面词采用"宜",反面词采用"不宜";
4) 表示有选择,在一定条件下可以这样做的用词,采用"可"。

2 引用标准的用语采用下列写法:
1) 在标准总则中表述与相关标准的关系时,采用"除应符合本标准的规定外,尚应符合国家和行业现行有关标准的规定"。
2) 在标准条文及其他规定中,当引用的标准为国家标准和行业标准时,表述为"应符合《××××××》(×××)的有关规定"。
3) 当引用本标准中的其他规定时,表述为"应符合本标准第×章的有关规定"、"应符合本标准第×.×节的有关规定"、"应符合本标准第×.×.×条的有关规定"或"应按本标准第×.×.×条的有关规定执行"。